AF206622

Bernhard M. Lersch

Über das öftere Vorkommen äquivalenter Verhältnisse

unter den Bestandteilen der Mineralwässer

Bernhard M. Lersch

Über das öftere Vorkommen äquivalenter Verhältnisse
unter den Bestandteilen der Mineralwässer

ISBN/EAN: 9783743486898

Hergestellt in Europa, USA, Kanada, Australien, Japan

Cover: Foto ©ninafisch / pixelio.de

Manufactured and distributed by brebook publishing software
(www.brebook.com)

Bernhard M. Lersch

Über das öftere Vorkommen äquivalenter Verhältnisse

Ueber das öftere Vorkommen

äquivalenter Verhältnisse

unter den

Bestandtheilen der Mineralwässer

von

Dr. B. M. Lersch,
Arzte in Aachen.

München.
E. A. Fleischmann's Buchhandlung (A. Rohsold).
1861.

Ueber das öftere Vorkommen

äquivalenter Verhältnisse

unter den

Bestandtheilen der Mineralwässer

von

Dr. J. M. Lersch,

Arzte in Aachen.

~~~

München 1861.

E. A. Fleischmann's Buchhandlung (A. Rohsold).

Inhalt.

—◦◦❭❁❬◦◦—

Man hat bereits vor geraumer Zeit die Frage gestellt, ob die Bestandtheile aller oder einiger, gewöhnlich als unveränderlich angesehenen Quellen (Thermen, Säuerlinge, Mineralwässer überhaupt) hinsichtlich ihrer Menge, mit der sie in einem gewissen Quantum Wasser vorhanden sind, sich in solchen Verhältnissen ihrer Aequivalentwerthe gegen einander verhielten, daß man diese Verhältnisse genau oder sehr annähernd durch das Verhalten einfacher, nicht weit von einander liegender Zahlen ausdrücken könnte; wobei dann jeder Stoff nur den Werth haben sollte, den ihm seine Aequivalentzahl anwiese, so daß er um so weniger gälte, je höher seine Aequivalentzahl.

Man findet nämlich das Aequivalent = Verhältniß zweier in bestimmten Gewichten vorhandenen Stoffe, wenn man diese Gewichte durch die entsprechenden Aequivalentzahlen*) dividirt und die Aequivalent= Quotiente mit einander vergleicht. Z. B. es ist 40 das Aequivalent von Schwefelsäure, 22 das Aequ. von Kohlensäure. Sind nun 120 Schwefel= säure und 44 Kohlensäure gegeben, so verhalten sich die Aequivalent= produkte wie 3 : 2. Haben also einige Mineralwässer in einer bestimm= ten Menge des Flüssigen eine solche Mischung, daß das eine Salz zum andern, der eine Grundstoff zum andern in einem einfachen Verhältnisse steht, z. B. wie 1 : 2, zu 3 ꝛc., oder wie 2 : 3, zu 5, zu 7 ꝛc., oder wie 3 : 4, zu 5, zu 7 ꝛc., oder wie 4 : 5, zu 7, oder wie 5 : 6, zu 7, zu 9, zu 11 ꝛc.?

So viel ich weiß, hat zuerst Döbereiner (Schweigger's Journ. 1818, XXIII) die Entdeckung zu machen geglaubt, daß dieß

---

*) Oder wie auf den folgenden Seiten überall geschehen ist, mit einem Zehntel der Aequivalentzahlen, und zwar der auf Wasserstoff = 1 bezogenen.

wirklich der Fall sei. Er stützte sich dabei auf das Verhalten des Schwefelwasserstoffs zur Kohlensäure in dem Wasser von **Berka** und auf die Klaproth'sche Analyse des **Karlsbader** Wassers, namentlich aber auch auf die Mischung der Gase der **Jena'schen** Brunnenwässer, welche constant so gemischt waren, daß 33—33,5 Volumen-Prozente Sauerstoff, der Rest Stickstoff war. Irre ich nicht, so hat er seine Theorie später auch auf andere Wässer anzuwenden gesucht. Kein Kundiger wird heutzutage auf die Analysen der damaligen Zeit eine derartige Hypothese stützen dürfen. Nur mit Vorsicht wird man einzelne von den damaligen Chemikern gefundene Daten in dieser Hinsicht verwerthen können, wie dies weiter unten mit der quantitativen Bestimmung geschehen soll, die Döbereiner selbst am Karlsbader Wasser vornahm.

Berzelius (in seiner Schrift über Karlsbad 1823) äußerte sich nicht ungünstig über das Vorhandensein proportionaler Verhältnisse unter **einzelnen** Bestandtheilen, er wies aber das Dasein solcher unter **allen** Bestandtheilen entschieden zurück. Er sagte: „Mehrere Chemiker haben versucht, auf das Resultat der Analyse von Mineralwassern die Lehre von den bestimmten Proportionen anzuwenden, gleichsam als wäre jedes Quellwasser als eine einzige chemische Verbindung in einem bestimmten Verhältnisse zu betrachten. Daß nicht einige der gefundenen Bestandtheile zu einander in einem bestimmten chemischen Verhältniß stehen sollten, ist kaum zu bezweifeln, weil sie, vor der Auflösung in Wasser, Bestandtheile einer bestimmten Verbindung ausgemacht haben, welche entweder vom Wasser, oder vor dem Zutritt desselben von andern Ursachen zersetzt worden ist*); mit allen Bestandtheilen ist dieses aber

---

*) „In dem erhaltenen Resultat der Analyse des **Karlsbader** Wassers findet man wirklich eine große Annäherung zu dem Verhältniß nach chemischen Proportionen. Berechnet man die in größerer Menge vorhandenen Bestandtheile, z. B. nach dem schwefelsauren Natron, so erhält man folgendes Resultat:

Schwefelsaures Natron	2,587 =	18 Atome
Kohlensaures Natron	1,286	12
Salzsaures Natron	1,061	9
Kohlensauren Kalk	0,305	3
Kohlensaure Magnesia	0,172	2

Die Abweichung in der berechneten von der wirklich gefundenen Menge des salzsauren Natrons ist indeß bei der Sicherheit, womit man die Menge desselben und des schwefelsauren Natrons bestimmen kann, so groß, daß sie weit über die Gränzen der nicht zu vermeidenden Beobachtungsfehler hinaus fällt.“ B.

schwerlich der Fall. Das läßt sich eben so wenig annehmen, als daß die entfernteren Bestandtheile irgend einer Gebirgsart, z. B. des Granits, nach bestimmten chemischen Proportionen zusammengemischt seien, weil bei den verschiedenen einzelnen Mineralien, woraus die Gebirgsart besteht, dem so sei. Das Wasser löst alles auf, was es von Auflöslichem auf seinem Wege findet, und es ist nicht wahrscheinlich, daß sich nicht auf diesem Wege mechanische Mengungen finden sollten, da die Bergmasse überall daraus besteht. Man sieht außerdem leicht, welches Gewicht man auf eine solche Idee legen dürfe, bei den vielen Stoffen, welche sich in dem Wasser in so ungemein kleinen Mengen befinden, daß die Anzahl der Atome der größern Bestandtheile so groß werden würde, daß das Gewicht eines oder mehrerer Atome innerhalb der Gränzen fiele, der bei Untersuchungen dieser Art nicht zu vermeidenden Fehler."

Späterhin haben nur wenige Chemiker sich über das proportionale Verhalten der Mischungs-Bestandtheile des einen oder andern Mineralwassers geäußert, und zwar in der Art, daß etwa bemerkt wurde, der kohlensaure Kalk verhalte sich in dem Mineralwasser zur kohlensauren Magnesia fast wie im Dolomite, oder auch wohl, wie Fischer von den Landecker Quellen berichtete, daß von Chlor und Kalium in ihnen grade so viel von jedem vorhanden sei, wie im Chlorkalium. Bekanntlich gehen bei der Combination der Bestandtheile eines Wassers zu Salzen selten zwei derselben so gegen einander auf, daß nicht von einem derselben ein Ueberschuß bliebe; z. B. von Chlor ist, wenn es mit Natrium combinirt wird, entweder zu viel oder zu wenig vorhanden, so daß Chlor oder Natrium übrig bleibt. Das übrige Natrium — meistens ist dieses überschüssig — soll nun mit Schwefelsäure zu schwefelsaurem Natron combinirt werden; aber auch hier bleibt wieder Eines von Beiden im Ueberschuß u. s. w. Also trifft der beim Landecker Wasser angegebene Umstand selten ein.

Wolf, der mehrere Berechnungen der in größerer Menge in den heißern Quellen von Teplitz vorhandenen Bestandtheile anstellte, glaubte darin eine große Annäherung zum Verhältnisse chemischer Proportionen zu finden.

Auch hat Berzelius selbst von dem salzarmen Wasser zu Porla noch bemerkt, daß darin ungefähr gleiche Atomgewichte von Kalium und Natrium mit Chlor und mit Sauerstoff verbunden seien, daß der Sauerstoff der Kalkerde das $1\frac{1}{2}$fache vom Sauerstoff des Eisenoxyduls, der Sauerstoff der Kieselerde zweimal so groß wie jener der Kalkerde und der Sauerstoff des Natrons ⅙ von jenem der Kalkerde sei.

Nehmen wir zu den vorstehenden Beobachtungen noch eine unten anzuführende Bemerkung über die isländischen Thermen und Einiges, was Struve über künstlich dargestellte Mineralwässer sagte, so wird so ziemlich Alles wiedergegeben sein, was bisheran in Hinsicht auf stöchiometrisches Verhalten der Mischung der Mineralwasser-Bestandtheile zur Sprache gekommen ist.

Wären die Mineralwässer wässerige Lösungen gewisser in der Natur frei vorkommenden Doppelsalze oder anderer complicirten, jedoch stöchiometrisch gemischten Salze, wie sie zuweilen beobachtet worden sind, so wäre es eine nothwendige Folge, daß auch in der Lösung das stöchiometrische Verhältniß dieser Theile beibehalten wäre. Aber — außer Kochsalz — kommen wenige Salze, namentlich Doppelsalze und combinirte Salze, unter oder auf der Erde so massenhaft in leicht löslicher Form vor, daß Mineralwässer für die Dauer sich damit anschwängern können. Die meisten Stoffe, welche Mineralwässern eigen sind, mußte das Wasser, wenn es sie nicht als Gas oder Dampf aufnahm, aus dem Gestein extrahiren. So viel man aber weiß, sind die Stoffe weder in den unterirdischen Gasen und vulkanischen Dämpfen, noch in den Gesteinen — abgesehen von einigen kaum löslichen und andern hier nicht zu berücksichtigenden Stoffen — in proportionalen Mengen gemischt. Wären aber auch zwei Stoffe proportional vorhanden, so würde sie das Wasser dennoch, so darf man vermuthen, vielleicht nicht in proportionalen Verhältnissen auflösen. Wissen wir doch sogar nicht, ob dieses der Fall ist, wenn zwei nicht schwer lösliche Stoffe dem Wasser zugleich geboten werden. Im Gegentheile sehen wir bei den Mineralwässern, wie schwierig das Kali im Verhältnisse zum Natron aus den zersetzten Gesteinen aufgelöst wird. Das relative Verhalten des Kali zum Natron in den Silicat-Gesteinen und andererseits in den Mineralwässern ist so verschieden, daß ich keinen stärkeren Grund gegen die Theorie der Bildung der Mineralwässer durch Auflösung kenne.

Würde auch ein Mineralwasser an seiner primitiven Bildungsstätte mit äquivalenten Antheilen von mehreren chemischen Stoffen versehen sein, so würde es doch durch Abgabe einiger derselben in seiner äquivalenten Mischung wohl oft gestört werden. Freilich, wenn dieses Abgeben von Stoffen gegen Aufnahme anderer, die es in Mineralien antrifft, geschähe; wenn z. B. Eisen gegen eine äquivalente Menge

Kalk abgegeben würde, so würde dann Eisen mit dem noch übrigen Kalk zusammen für das gelten, was früher Eisen allein galt; wenn z. B. vorher Eisen zu Magnesia sich wie 1 : 8 verhalten hätte, so würde nachher Eisen + dem aufgenommenen Kalk sich zu Magnesia auch wieder wie 1 : 8 verhalten.

Von Seiten der Theorie der Bildung der Mineralwässer durch Auflösung erheben sich also, ich gestehe es, nicht geringe Schwierigkeiten für die Anschauung der Mineralwasser-Bestandtheile vom Standpunkte der Aequivalente. Doch muß bemerkt werden, daß diese Schwierigkeiten eigentlich nur theoretischer Natur sind, und daß sie nur für die Wahrscheinlichkeit sprechen, daß bei vielen Mineralwässern die äquivalenten Verhältnisse entweder nie vorhanden waren oder doch nachher gestört wurden; sie beweisen aber nicht die Unmöglichkeit, daß in der Wirklichkeit solche Wässer vorkommen, bei denen keine oder nur eine geringe Störung der äquivalenten Verhältnisse stattgefunden hat.

Schon Struve hatte hinsichtlich der Auflösung der Mineralstoffe durch das kohlensaure Wasser eine wohl zu beachtende Bemerkung gemacht. Als er zum fünften Male kohlensaures Wasser mit gepulvertem Klingstein in Berührung gebracht hatte, war nämlich dies Wasser gegen Erwartung noch lange nicht mit erdigen Stoffen gesättigt. Daß dies nicht der Fall war, sagt Struve, „scheint nur dadurch erklärt zu werden, daß die gelösten Stoffe nicht als einzelne, sondern als eine Gesammtverbindung als Silicate von dem Wasser aufgenommen wurden, und daß kohlensaures Wasser der Art, wie es angewendet wurde, mehr davon zu lösen nicht im Stande war. Gleichwohl kann dies Verhältniß in keiner Art als ein absolutes angesehen werden. Andere Fossilien gaben unter ähnlichen Verhältnissen andere und in der Regel kleinere Mengen von Kalk- und Magnesia-Silicat an kohlensaures Wasser ab. Die Menge der im kohlensauren Wasser gelöst werdenden Erden scheint mir daher nicht blos von der Löslichkeit des Kalks- und Magnesia-Silicais überhaupt abzuhängen, sondern auch von der Menge des mit der Kieselerde in den Fossilien verbundenen Kalkes und der Talkerde, und von der Hartnäckigkeit, mit welcher die Kieselerde die genannten Basen um so mehr zurückhält, je überwiegender ihr Mengenverhältniß zu den andern Stoffen ist. Von diesen Verhältnissen und von der Intensität und Dauer der Compression, von dem langsamern oder raschern Durchgange des kohlensauren Wassers wird die Menge der Kalk- und Magnesia-Silicate bestimmt, welche ein Wasser aufnimmt. Wollte man übrigens diese Löslichkeit im voraus nach den gefundenen Bestandtheilen eines Fossils beurtheilen, so müßten dabei nothwendig auch andere Stoffe, die mit der Kieselerde in Verbindung treten, wie Kali, Natron, Lithion, Thonerde in Erwägung gezogen werden, und man müßte die relativen Ziehkräfte der einzelnen Stoffe zur Kieselerde an und für sich und in Verbindung kennen."

„Ist diese Ansicht in der Wirklichkeit gegründet, gehen Kalk-, Talk- und Kieselerde als eine Einheit in das Mineralwasser, so ist es glaublich, daß dies nach den Gesetzen der chemischen Proportionen geschieht. Es wurde daher versucht, das Oxygen der Kieselerde gegen das des Kalks und Talks zu berechnen."

Name des Gesteines.	Erden in 16 Unzen Wasser.	Menge des Oxygens der Kieselerde.	Menge des Oxygens der Base.	Verhältniß des Oxygens der Säure.	zu den Basen.
Gneis von Billn.	0,093 Kieselerde.	Gran 0,046	Gran	1:	5
	1,246 kohlensaurer Kalk.	(Eigentlich 0,0483)	0,197 0,027		
	0,143 kohlensaurer Talk.		0,224		
Thonschiefer von Eger.	0,091 Kieselerde.	0,046		1:	4
	0,902 kohlensaurer Kalk.	(0,0472)	0,152 0,039		
	0,198 kohlensaurer Talk.		0,191		
Klingstein von Engelhaus.	0,694 Kieselerde.	0,349		1:	1
	1,864 kohlensaurer Kalk.	(0,36)	0,295 0,059		
	0,310 kohlensaurer Talk.		0,354		
Basalt von Babhora.	0,685 Kieselerde.	0,342		1:	3
	2,774 kohlensaurer Kalk.	(0,356)	0,439 0,570		
	2,679 kohlensaurer Talk.		1,009		

„Mehrere und im größeren Maßstabe angestellte Versuche müssen bestimmen, ob die Ansicht sich dauernd bewährt, daß die Erdarten als ein chemisches Ganzes von dem Wasser aufgenommen werden. Die bisherigen Versuche sprechen dafür. Glaublich ist es jedoch, daß ein

Waſſer, das bereits eine Verbindung der Kieſelerde mit Kalk, Talkerde u. ſ. w. aufgenommen hat, wenn nur dadurch ſeine Löſungsfähigkeit für andere Stoffe nicht erſchöpft worden iſt, und es noch freie Kohlenſäure enthält, auf ſeinem Wege zur Oberfläche der Erde auch noch andere Erdarten löſen könne, die, wie kohlenſaurer Kalk und Talk, ſich leichter als Silicate mit kohlenſaurem Waſſer verbinden." Dieſe von Struve (Die künſtlichen Mineralwäſſer 1826) vor längerer Zeit geäußerte Vermuthung, daß bei der Auflöslichkeit der Beſtandtheile eines Geſteines die innere Conſtitution ſeiner Silicate maßgebend ſei, hat ſich ſeitdem immer mehr beſtätigt.

Daß aber die künſtliche Auflöſung der Geſteine durch kohlenſaure Waſſer zuweilen einfache Verhältniſſe beobachtet, glaube ich auch ferner noch aus mehreren Verſuchen zu erſehen, die Struve ſchon in damaliger Zeit angeſtellt hat, als er ſich bemühte, mit kohlenſaurem Waſſer Geſteine zu extrahiren.

Nehmen wir z. B. die (l. c. p. 75) gegebene Auflöſung des **Porphyrs von Teplitz,** worin Struve fand (in 7680 Theilen):

			Aequ.-Quot.		
Salzſaures Natron	1,43	,2447		Chlor + Schwefelſ.	
Schwefelſ. Kali	1,72	,1974	,5013		2577 SO³
„ Natron	,42	,0592			
Kohlenſ. „	4,43	,8358	1,3371	Natron + Kali	CO²
„ Magn.	,682	,162	,714	Magn. + Kalk	1,5498
„ Kalk	2,76	,552			

Iſt hier Chlor mit Schwefelſ. nicht faſt gleichwerthig? Sind beide zuſammen nicht faſt ⅓ der Kohlenſäure? Natron + Kali nicht faſt das Doppelte von Magneſia und Kalk?

Sehen wir uns dann das folgende Extrakt des **Klingſteins** (mit kohlenſaurem Waſſer veranſtaltet) an, das dem **Biliner** Sauerwaſſer ſo ähnlich ausgefallen iſt! cf. l. c. p. 47.

			Aequ.-Quot.:		
Salzſaures Natron	1,953	,3358	Kali + Natron = 5,3579		
Schwefelſ. Kali	1,67	,1917			
„ Natron	4,859	,6844	,8761 × 6	= 5,2566 SO²	
Kohlenſ. „	21,974	4,146			
„ Magn.	1,126	,268			5,3 CO²
„ Kalk	4,48	,896	1,331 × 4 = 5,324		
Kieſelerde		,512	,167		
			(oder ,112)		

Hier verhält sich doch wohl Schwefelsäure zu Kohlensäure $= 1:6$, zu den Erden wie $2:3$.

Kali + Natron wiegen sich mit Kohlensäure auf.

Vielleicht noch deutlicher ist dieses proportionale Verhalten einzelner Bestandtheile in den Auszügen, die Struve aus dem Saidschützer Mergel mit destillirtem Wasser gewann (l. c. p. 29). Ich begleite Struve's (auf 7680 Theile angegebene) Analyse mit den von mir ausgerechneten Aequivalentquotienten.

			Aequ.-quotiente
Salzsaure	Magnesia	?,	,4214
Schwefels.	Kali	,805	,0924
"	Natron	9,394	1,323
"	Magn.	16,005	2,667
"	Kalk	4,97	,994
Kohlens.	Magn.	,177	,04214
Kieselerde		,27	,0876
		oder	,0584

Wegen der eigenthümlichen Combination der Bestandtheile zu Salzen halten wir hiebei uns am besten an den uncombinirten Stoffen.

	Aequ.-Quot.
Chlor	,4214
Schwefelsäure	5,07641
Kohlensäure	,04214
Natron	1,323 + 0,0924 Kali = 1,4
Magnesia	3,1305
Kalk	,994 (fast 1)
Kieselerde	,0876

Chlor gleich dem Zehnfachen von Kohlensäure. Schwefels. : Magn. : Kalk $= 5:3:1$.

(Im natürlichen Saidschützer Wasser verhält sich nach Berzelius Natron zu Magnesia $= 1:3$).

Anders tritt die Congruenz der Bestandtheile hervor in dem Auszuge, den Struve dadurch herstellte, daß er Püllnaer Lehm mit destillirtem Wasser in Berührung ließ, und in dem ich die nebenan gesetzten Aequivalent-Quotiente erblicke.

	Jn 7680:	Aequ.Quot.			
Salzsaure Talkerde	2,985	,629			
Schwefels. Kali	,944	,1084	SO^3 7,2824		
" Natron	17,792	2,506			
" Magn.	13,786	3,282	Magn. 3,9505	Kali	,1082
" Kalk	9,42	1,386	Kalk 1,386	Natron	2,506
			5,3365		3,6142
Kohlens. Magnesia	,166	,0395			
Kieselerde	,177	,0573	Salzsäure	,629	
			Schwefels.	7,2824	
				7,9114	

Kalk zu Kali + Natron etwa wie 1 : 2

  „ „ Magnesia   etwa wie 1 : 3

Kali + Natron : Kalk + Magn. (: Salz= u. Schwefels.) = 1 : 2 (: 3).

Bei der **natürlichen Bildung** der Mineralwässer wird besonders Ein Umstand sehr oft dahin wirken, daß äquivalente Verhältnisse eingehalten werden, nämlich die Eigenschaft der Diffusion, welche den im Wasser löslichen Stoffen zukommt. Die Leichtigkeit der Auflösung der Salze in dem Wasser, womit sie eine Zeit in Berührung sind, geht nicht mit der Größe der Auflöslichkeit parallel. Die Leichtigkeit, womit sich eine Substanz im Wasser löst, hängt vielmehr nahe zusammen mit dem Grade der Schnelligkeit, womit sie aus einer Lösung in eine zweite wässerige Flüssigkeit übertritt und sich in ihr verbreitet, d. h. diffundirt. Nicht alle Substanzen haben nämlich eine gleiche Diffusibilität. Umgibt man ein offenes Gefäß, worin ein Salz gelöst ist, rund um und über der Mündung mit salzfreiem Wasser, ohne eine Erschütterung der Flüssigkeiten zu veranlassen, so geht das Salz jenes Gefässes nach der Natur des Salzes häufig verschieden schnell in die äußere Flüssigkeit über. Kalisalze scheinen z. B. eine größere Diffusibilität als Natronsalze zu haben. Kohlensaures Natron steht in der Diffusionsschnelligkeit gleich mit schwefelsaurem Kali, ebenso kohlensaures Kali mit schwefelsaurem. Schwefelsaure Magnesia diffundirt langsamer als schwefelsaures Natron und dieses langsamer als Chlornatrium. Sind zwei Salze von ungleicher Diffusibilität gemischt, so scheint das weniger leicht lösliche eine Verminderung im Diffusionsvermögen zu erleiden. Die Diffusion in eine Salzlösung hinüber liefert nicht immer dieselbe Zahl, wie die in destillirtes Wasser hinüber vorgehende. Die Diffusion hat sogar die Kraft, gewisse Salze zu zersetzen.

In einer 11" hohen Röhre hatten sich selbst nach 6 Monaten aus der untern mit Chlornatrium und zweifach kohlensaurem Kalk versetzten Lösung diese beiden Salze noch nicht gleichmäßig vertheilt. Nach oben zu fiel in 4 Schichten der Gehalt an Chlornatrium von 23,99 auf 21,91 und der an zweifach kohlensaurem Kalk von 0,42 auf 0,1. Dies sind Versuche, welche G r a h a m angestellt hat. Sie sind in Bezug auf die Aufnahme der Salze seitens des Meteorwassers sehr lehrreich.

Das Meteorwasser kommt nämlich, wie zu vermuthen ist, auf seinem unterirdischen Laufe mit vielen größeren und kleineren stillstehenden salzigen Wassermassen in Berührung und nimmt aus denselben die Salze durch Diffusion auf. In den vielen Spalten und Höhlungen der Gesteine bilden sich mehr oder weniger concentrirte Lösungen von Salzen, die nicht direkt zum Abfluß gelangen, sondern die nach oben zu an eine große, wenig bewegte und weniger salzige Wassermasse angrenzen. Auch dieses weniger salzreiche intermediäre Wasser bildet noch nicht die Quelle, sondern ein darüber wegfließender Strom von Meteorwasser jüngeren Datums. Dieses Meteorwasser nimmt nun während der kürzeren oder längeren Zeit, daß es über dem ruhenden intermediären Wasser wegfließt, Salze und Gase durch Diffusion an. Die diffundirte Salzmasse kann also nun verschieden von der ursprünglich in den Spalten und Klüften gelösten sein. Das weniger diffundirende Salz bleibt im Wasser der Spalten zurück und wird darum auch wieder weniger aus dem Gestein gelöst.

Als eine Wirkung der Diffusion ist wohl die Verschiedenheit mehrerer eng zusammenhängenden Quellen in demselben Quellgebiete anzusehen. Es ist nämlich anzunehmen, daß Quellen, die nahe nebeneinander entspringen und in ihrer Temperatur und ihren Salzen überhaupt sich ähnlich sind, die sogar mit einander in mechanischem Zusammenhange stehen, ursprünglich von derselben Bildungsstätte ausgehen. Solche Quellen, die von derselben Bildungsstätte ausgehen, zeigen nun aber doch mehr oder minder große chemische Differenzen, die man theilweise dadurch erklären kann, daß man annimmt, daß von einem Reservoir in kleinerer und größerer Entfernung von der Auslaugestätte verschiedene Aeste ausgehen, und daß diese Aeste durch Diffusion mehr oder weniger Salze und Gase von dem ursprünglichen, stark mineralisirten Wasser aufnehmen.

In wie fern die Diffusibilität sich nach den Aequivalentzahlen richtet, ist zwar nicht erforscht. Hier mögen complicirte Verhältnisse stattfinden. Es ift aber nicht unwahrſcheinlich, daß die **Aequivalente** dabei von Einfluß ſein werden. Und ſo könnte es auch ſein, daß die Mineraliſirung der Quellen nicht ganz unabhängig von den Aequivalenten der Mineral= ſtoffe vor ſich ginge.

Etwas Aehnliches wie bei der Aufſchwängerung der Mineralquellen mit Stoffen geht vor, wenn Regenwaſſer über einer ſalzreichen Flüſſig= keit, z. B. Meerwaſſer gelagert iſt. Brachte Graham den Inhalt einer Flaſche mit Meerwaſſer in Berührung mit beſtillirtem Waſſer, ſo diffundirten in einer gewiſſen Zeit von 6% Magneſia des Salz= gemiſches nur 4%. Man kann daraus ermeſſen, woher es kommt, daß die Analyſen des Waſſers vom todten Meere ſo ſehr von einander abweichen. Dieſes Meer ſinkt im Laufe des Jahres um 10—12 Fuß und bedeckt ſich in der Regenzeit mit einer Regenwaſſerſchicht von der= ſelben Stärke, ohne daß das untere Fluidum, deſſen ſpez. Dichte un= gefähr 1,2 iſt, ſtark bewegt würde. Die Salze diffundiren nun von unten in die Regenwaſſerſchicht, welche die Chloride leichter als die ſchwefelſauren Salze aufnimmt.

Um nun ſchon die Möglichkeit zu zeigen, daß bei der Diffuſion gewiſſe Proportionen der Beſtandtheile zu einander bewahrt bleiben können, gebe ich hier eine Analyſe vom Waſſer des todten Meeres und berechne ſie, mittels Diviſion jeder Zahl durch ihr Aequivalent, auf Aquivalentquotiente. Es zeigt ſich dann, daß Kalium mit Calcium, Natrium mit Magneſium und jene beide zuſammen mit dieſen beiden zuſammen in dem Verhältniſſe wie 1 : 2 ſtehen.

I. Waſſer vom **Todten Meere** von Marchand gegen 1849 analyſirt. In 10000 Theilen Waſſer waren folgende Stoffe:

in Aequ.=Quotienten:

Chlor	1438,9	405,9		
Brom	21,78	2,72	409,92	
Schwefelſäure	5,2	1,3		
Kalium	73,3	18,8	131,2	
Natrium	258,6	112,4		
Magneſium	270,99	223,		393
Calcium	104,3	39,05	262,05	
Kalkerde	3,6			
Thonerde	,5	,1		

Dies Verhältniß von Kalium + Natrium : Magneſium + Calcium iſt nicht ganz zufällig. Es kehrt in der Analyſe von Moldenhauer wieder.

In 10000 (1000 ?) waren:

Chlornatrium	23,91
„ magnium	68,122
„ calcium	14,719
„ kalium	23,91
Schwefelf. Kali	,627
Brommagnium	1,838

Aequ.-Quotiente

$$
\begin{array}{ll}
\text{Chlor} & 25,27 \\
\text{Brom} & ,2 \\
\text{Schwefelsäure} & ,072
\end{array} \Big\} \; 25,54
$$

$$
\begin{array}{ll}
\text{Kalium} & 3,278 \\
\text{Natrium} & 5,06
\end{array} \Big\} \; 8,338 \times 2 = 16,67
$$

$$
\begin{array}{ll}
\text{Magnium} & 14,55\,{}^{*)} \\
\text{Calcium} & 2,654
\end{array} \Big\} \qquad 17,2
$$

Boussingault's (1853) und Herapath's (1850) Analysen

Aequ.-Quotiente			Aequ.-Quotiente		
Kalium	21,62		Kalium	16,32	
Natrium	111,1	} 132,7	Natrium	207,2	} 223,5
Magnesium	229,7		Magnesium	167,5	
Calcium	64,8	} 294,5	Calcium	44,27	} 212

zeigen freilich, daß dieses Verhältniß beiderseits abweichen kann. Diese Abweichung ist aber bei Boussingault noch nicht groß.

Die Unthunlichkeit, einfache chemische Proportionen unter den Salzen oder Salztheilen (Chlor, Jod 2c.) ergründen zu wollen, ist bei vielen Mineralwässern, deren Gehalt der Hauptmasse nach fast nur aus Einem Stoffe (Kohlensäure, Kochsalz, kohlens. Natron u. s. w.) besteht, offenbar, da der Eine Stoff die andern einzeln oder zusammen oft um das Hundert- oder Tausendfache den Aequivalentquotienten nach übertrifft; so ist z. B. sehr oft das Verhältniß von Chlor zu Brom, Schwefel, Arsen 2c. Aber wo mehrere Stoffe in erheblicher Menge vorhanden sind, dürfte man die unwesentlicheren Stoffe als Supplemente der wesentlichen betrachten.

Wie bei den Krystallen der eine Stoff nicht selten durch eine äqui= valente Menge eines andern ersetzt wird, so hat vielleicht auch manches Mineralwasser Stoffe in sich, die sich gegenseitig zu einem gewissen

---

*) Nach altem Atomgewichte etwas weniger.

Werthe vervollständigen, daß man z. B., wie dies schon bei den obigen Vergleichen geschah, Kalium mit Natrium, Calcium mit Magnesium zusammenrechnen darf, und das einfache Verhältniß zwischen je zwei oder mehreren Körpern zu suchen hat. Dabei wird man natürlich nur Körper von chemischer Analogie zusammen verwerthen dürfen, z. B. Chlor mit Jod, Brom, Schwefel, kohlensaure Alkalien für sich, Erdsalze für sich, starke Säuren für sich u. s. w. Ich habe derartige Combinationen in den später folgenden Berechnungen häufig vorgenommen, ohne damit gerade behaupten zu wollen, daß nicht die eine oder andere Combination als berechtigt bestritten werden könnte.

Einige Mineralwässer entstehen gewiß dadurch, daß mit Mineral= Säuren angesäuertes Wasser sich mit den Alkalien zu neutralisiren sucht.

II. Ein solches bietet z. B. das saure Wasser eines **vulkanischen See** auf **Neu-Seeland**, analysirt von Liebig 1851.

In 10000:	Aequ.=Quotiente		Sauerstoff=Atome	
Chlor	1196,02	337,3	Salzsäure	337,3
Schwefels.	131,45	32,86	Schwefelsäure	98,58, 114,55 × 3 =
Phosphors	22,68	3,194	3,3 × 7 = 23,1	15,97\ 343,65
Kiesels.	,52	,17 ob.,11		,34
Kali	11,34	2,41	7,61 × 3 = 22,83	22,83
Natron	16,11	5,2		
Magnesia	9,08	4,52	= 22,72	22,72 108,1
Kalk	51,03	18,2		
Thonerde	19,93	3,89	= 20,855	11,67
Eisenoxyd	135,72	16,96		50,88

Ohne darauf einzugehen, daß der Werth des Chlors zu dem der Schwefelsäure sich fast wie 10 : 1 verhält und daß -- was zufälliger sein kann — der des Chlors das Hundertfache von dem der Phosphor= Säure und der Kieselerde ist, daß auch noch der Sauerstoff=Gehalt der Schwefelsäure fast genau das Sechsfache des Sauerstoffs von Phos= phorsäure + Kieselsäure ist und daß Chlor zu Magnesia + Kalk sich fast wie 30 : 2 verhalten, muß es doch auffallen, daß die Werthe der so sehr analogen Körper Kali und Natron sich zu den Erden Mag= nesia + Kalk fast genau wie 1 : 3 verhalten. Auch der Werth der Thonerde + dem Eisenoxyd ist fast gleich dem der Erden. Geschah die Sättigung — die noch nicht vollendet ist — unter Berücksichtigung der Aequivalente? Oder waren die Stoffe, die sich dem sauren Wasser darboten, schon nach den Aequivalenten gemischt?

Wenn ein schwach saures Wasser über Carbonate gegossen wird, so treibt es eine Menge Kohlensäure aus, die dem Aequivalent seiner Säure entspricht. Es ist nun der Fall denkbar, daß diese entwickelte Kohlensäure dem Wasser einverleibt bleibt. In dieser Weise kann man sich erklären (ohne diese Erklärung als ausgemacht richtig anzunehmen), daß im Wasser von Schlangenbad die Menge der CO_2 fast genau der Menge derjenigen Säuren entspricht, die (was die Kieselsäure betrifft, wenigstens unter gewissen Verhältnissen) die Kohlensäure auszutreiben fähig sind.

III Die Therme **Schlangenbad** wurde von Fresenius untersucht. Er fand in 10000 was Atomgewichtszehntelquotienten entspricht:

Chlor	1,4705	,4148	
Schwefels.	,05449	,0136	⎫
Phosphors.	,00331	,00047	0,5348
Kieselsäure	,32623	,1059*)	⎭
Kohlensäure	1,08884	,4949	0,4949
Kali	,10111	,0215	⎫
Natron	1,32346	,4269	
Magnesia	,0296	,0148	0,5885
Kalk	,18293	,0653	⎭

Uebersieht man die Zahlen, welche die Analysen einer Reihe von Quellen derselben Art, wie sie an einem Orte als Säuerlinge oder als Thermen sich so häufig darbieten, ausdrücken, so findet man gewöhnlich, daß die Werthe jedes einzelnen Stoffes so wechseln, daß man nicht die geringste Ordnung hineinzubringen weiß. Die eine Quelle ist an Einem Stoffe reicher, an andern Stoffen schwächer, als die andere. Damit scheint der Gedanke an proportionale Verhältnisse unverträglich. Aber es ist dabei ein Zweifaches zu berücksichtigen.

Erstens. Die Chemiker pflegen, wenn sie mehrere Quellen desselben Bezirkes untersuchen, nicht das Wasser aller Quellen an demselben Tage oder in derselben Woche zur Untersuchung zu nehmen, sondern nach und nach eine Quelle nach der andern vorzunehmen. Darüber vergeht aber eine längere Zeit, während welcher das Mineralwasser vielleicht nicht stetig und gleich geblieben ist. Möglich, daß die Analysen verschiedener Quellbärn bedeutend mehr als es zu geschehen

---

*) Oder 0,0706, wenn man das Atomgewicht statt 30,61 zu 46,21 annimmt.

pflegt, mit einander harmoniren würden, wenn man nicht die Quellen zu verschiedenen Zeiten untersucht hätte.

Zweitens. Für die Mineralwässer sind gewisse proportionale Verhältnisse vielleicht nur gewissermaßen die Idee, die nicht alle erreichen oder mehrere wieder verloren haben, wie auch gewisse ideelle proportionale Verhältnisse in dem Bau des Menschenleibes von den wenigsten Menschen erreicht werden. Soll darum die Proportionslehre des menschlichen Körpers unwahr sein?

IV. Die **Kiffinger** Quellen enthalten nach **Liebig**

	Ratoczy	Pandur	Marbrunnen
Chlor	38,994	36,245	15,004
Schwefelsäure	6,187	5,726	2,472

Dividirt man Chlor durch sein Aequivalent und Schwefelsäure durch sein Aequivalent, so erhält man Zahlen, die sich verhalten wie

Chlor	7,11	7,04	6,85	Im Mittel genau
Schwefelsäure	1	1	1	wie 7 : 1

Lag nun hier nicht das ideelle Verhältniß von 7 : 1 zu Grunde?

Dieselbe ideelle Mischung der Bestandtheile hat auch vielleicht für diejenigen Fälle Geltung, in denen — wie das ja so häufig geschieht — das Mineralwasser in seinen Bestandtheilen wechselt. Aber auch hier fragt es sich, ob nicht das Minus eines Bestandtheiles durch ein äquivalentes Plus des andern zuweilen ersetzt wird.

Ich erwartete das Dasein äquivalenter Verhältnisse am wenigsten in einem sauren, sehr veränderlichen Wasser, welches jüngst mit sehr großer Sorgfalt untersucht wurde. Sehen wir von vielen Proportionen ab, die ich unten zwar angemerkt habe, auf die aber vorläufig kein Nachdruck gelegt wird, so wird es doch nicht ohne Interesse sein zu sehen, daß das Verhältniß der Leichtmetalle zu dem der Schwermetalle ganz genau wie 1 : 1 ist. Zufall oder künstliche Combination! wird man sagen. Möglich, aber dann um so auffallender, daß in der viel ältern Analyse dieses Wassers von Berzelius fast dasselbe Verhältniß wieder erscheint.

V. **Ronneby's** alte Quelle, eine Alaunquelle, analysirt von Hamberg 1858. Berechnet man aus den gegebenen Zahlen die Aequivalent-Quotiente, so erhält man:

	Aequ.:Quot.		
Brom	,0001		
Job	,00036	} ,1875 × 5	= 0,9375
Chlor	,187		
Schwefelsäure		1,035	
Kieselsäure	,3228*) × 6 =	1,0368	
Kali	,0163		
Natron	,2182	0,2345 × 4 = 0,9380	
Ammoniumoxyd	,1085 × 2 = ,2170	0,3497	
Magnesia	,2412		
Kalk	,3533	0,3533	

0,9375 Leichtmetalle

Eisenoxydul	,4318 } ,4692	
Manganoxydul	,0374	
Nickeloxydul	,002	
Kobaltoxydul	,0011 } ,4683	
Thonerde	,4652	
Quellsäure rc.		

0,9375 Schwermetalle und Thonerde

1,875, dividirt durch 4 = 0,4687

$$
\begin{aligned}
\text{Ammon zu Natron} &= 1 : 2 \\
\text{Kali + Natron : Ammoniumoxyd + Magn.} &= 2 : 3 \\
\text{\textquotedbl \quad \textquotedbl \quad : Kalk} &= 2 : 3 \\
\text{\textquotedbl \quad \textquotedbl \quad : Eisen + Mangan} &= 1 : 2 \\
\text{\textquotedbl \quad \textquotedbl \quad : Thonerde + Nickel + Kobalt} &= 1 : 2
\end{aligned}
$$

Ammon + Magn. äquivalent mit Kalk

Eisen + Mangan äquivalent mit Thonerde + Nickel + Kobalt.

Diese 5 Metalle (Schwermetalle) genau äquivalent mit Kali + Natron + Ammon + Magnesia + Kalk (Leichtmetalle).

Die Säuren zeigen auch einige auffällige Verhältnisse.

Kieselsäure zu Schwefelsäure = 1 : 6

Chlor (Brom, Job) zu Schwefelsäure fast 1 : 10 (ungenau)

Chlor (Brom, Job) zu den Metallen = 1 : 10 ganz genau.

Die Analyse der alten Quelle von Berzelius vor längerer Zeit angestellt gab (in 6342,7 Theilen):

		in Aequ.-Werthen		
Kali	,05	,01	} ,093	
Natron	,39	,083		
Ammoniumoxyd	,096	,037 × 2 = ,074	}	0,6632 Leichtmetalle.
Magnesia	,37	,185		
Kalk	,975	,3482		

*) Man kann hier auch 0,2152 annehmen, wenn man das Aequivalentgewicht zu 46,215, statt 30,81, annimmt.

Eisenoxyd	3,17	,3963		
Manganoxyd	,08	,01	,4063	
Zinkoxyd	,04	,01		0,621 Schwermetalle
Thonerde	1,05	,2047		
Schwefelsäure	8,937	2,234		
Chlor	,116	,0327		
Kieselerde	,73	,239 oder 0,1593		

Auch hier ist das Verhältniß der Leichtmetalle zu den Schwer-
metallen fast wie 1 : 1. Thonerde zu Eisen + Mangan = 1 : 2 (bei
H a m b e r g war es 1 : 1).

VI. In der Etholtz-Quelle von **Ronneby** herrschen nach H a m-
b e r g's Untersuchung ganz andere Verhältnisse, aber auch hier sind
einige merkwürdige Parallelen zwischen den Bestandtheilen zu ziehen.
Es fanden sich an Aequivalentquotienten:

			Verhältnisse
Chlor	,20028		2
Kieselsäure	,20835 (resp: ,31253)		2
Manganoxydul	,19081 + ,018025 Kobalt und Nickel = ,208835		2*)
Ammoniumoxyd	,1665	,19722	2
Kali	,030725		
Natron	,19563		2
Magnesia	,507786 dividirt durch 2,5 : ,20306		5?
Kalk	,69144 „ „ 3,5 : ,19743	**)	7?
Eisen	3,28436 „ „ 16 : ,20527		33?
Thonerde	,87809 „ „ 4 : ,21952	***)	9?
Schwefelsäure	7,77703 + Chlor = 7,9773		
	dividirt durch 40 : ,19943		?
Kobalt	,00631		
Nickel	,009094	,018025 × 11 = ,19827†)	?
Jod	,00489		
Brom	,0004	,00529 × 38 = ,20††)	?

*) Zieht man diese 3 Metalle zum Eisen, so erhält man 4,37128, dividirt
durch 22 = ,19869.

**) Kalk + Magn. 1,19923, dividirt durch 6 = ,19987.

***) Thonerde + Eisen 4,16245, dividirt durch 20 = ,208.

†) Besser man zieht beide Stoffe zu Mangan.

††) Man kann Jod und Brom auch zu Chlor ziehen, wodurch dieß auf
,20557 kommt.

Wenn auch auf das Verhalten der hohen Zahlen (von Eisen, Thonerde, Schwefelsäure) und der ganz niedrigen (Kobalt, Jod rc.) zu der niedrigen Zahl des Chlors (0,2) wenig Gewicht zu legen ist, so wird es doch auffallen, daß jedenfalls mehrere Stoffe den Schein haben, in ganz äquivalenten Mengen zugegen zu sein, was uns auch das Recht gibt in den andern nach entsprechenden Proportionen zu suchen.

Die Schwierigkeiten, welche die Stoffe in der Natur finden, wenn sie in äquivalenten Mengen (oder einfachen Bruchtheilen dieser) dem Wasser einverleibt werden sollen, sind so groß, wie wir gesehen haben, daß es nicht auffallen kann, daß **bei manchen Mineralwässern keine oder nur eine höchst geringe Spur proportionaler Verhältnisse** aufzufinden ist,[*]) wie mir dies die Berechnung einiger zwanzig Mineralwässer auf Aequivalentquotiente zeigte. Ich verwahre mich also ausdrücklich gegen die Hypothese, daß alle Mineralwässer in den Bestandtheilen proportionale Mischung zeigen sollen. Aber bei der Betrachtung der nachfolgenden Berechnungen wird es auch schwer sein, das nicht seltene Vorkommen gewisser einfacher Proportionen zu bestreiten. Ich lege übrigens nicht auf alle hervorgehobenen Verhältnisse Gewicht.

Da es sich hier nur darum handelte, hypothesenfrei das Thatsächliche herauszustellen, so wurden auch nicht ganz unbestreitbare Verhältnisse angezeigt. Die Zukunft wird hier zu sichten haben.

Manche Analysen würden aber gewiß für das Dasein proportionaler Verhältnisse Beiträge geliefert haben, wenn sie alle Stoffe in Wasser desselben Zeitpunktes bestimmt hätten; da nämlich viele Wasser in ihrer Mischung wechseln, wird das proportionale Verhalten nicht offenbar werden, wenn der eine Stoff jetzt, der andere nach einer längern Zeit bestimmt wird. Alle Stoffe einer Quelle sollten darum aus einer und derselben Wassermasse bestimmt werden. Auch die Fehler vieler Analysen sind geeignet, das Dasein proportionaler Verhältnisse zu verheimlichen. Häufige, wenn auch kleinere Irrthümer veranlaßt auch der Umstand, daß die Analytiker nicht dieselben Atomzahlen gebraucht haben, welche jetzt, wenigstens in Deutschland, gang und gäbe sind. Von mir wurden die Atomzahlen gewählt, die in der neuesten Ausgabe von Fresenius Anleitung zur quantitativen Analyse 1859 angegeben sind (z. B. für Magnesia 12, für Kieselsäure 30,81).

---

[*]) Ausgenommen das Verhältniß, welches zwischen den sauren Stoffen einerseits und den alkalischen andererseits in den neutralen Wässern besteht.

Ich gebe nachfolgend eine Reihe von Analysen nach Aequivalenten berechnet und merke die mir aufgefallenen einfachen Verhältnisse an.

VII. **Hammam Meskoutin** (Algier). Eine dortige von Fé= gueux analysirte Quelle zeigt in 10000:

	Aequ.=Quot.	
Chlor	,8056	
Schwefelsäure	,7056	
Gebund. Kohlensäure	,4256	
Kieselerde	,0271	,4527
oder	,0406	
Kali	,0545	
Natron	,6844	,8014
Eisen	,0625	
Magnesia	,2075	
Kalk	1,0004	

Hier ist Eisen zu Kalk und Natron gezogen, was in der Folge nirgend mehr vorkommt, da es an Kalk und Magnesia besser anschließt.

VIII. **Hammam Setif**, von Roucher 1859 analysirt. Aequi= valent=Quotiente:

Chlor	,851	
Schwefelsäure	,996 (fast 1)	
Kieselerde	,195 (fast 0,2) oder 0,13	
Kohlensäure	,472	,472	0,602
Natron	1,209	
Magnesia	,057	
Kalk	,817	

Die meisten Aequivalentgewichte stehen bei beiden Quellen in ein= fachen Verhältnissen, wie ein Blick auf die durch den Druck hervor= gehobenen Zahlen lehrt.

IX. Die von Fresenius 1855 analysirte **Weilbacher** Quelle würde den Hauptbestandtheilen nach in Aequivalentquotienten enthalten:

Chlornatrium	0,4642	
„ Kalium	,03376	0,5426
Schwefels. Kali	,0446	
Kohlens. Natron	0,5423	
„ Magnes.	0,5613	

Hier wurde das Atomgewicht des Magn., wie immer, zu 12 angenommen. Wird es höher gestellt, so wird der Quotient geringer.

Kohlenſ. Kalk   0,5262

   „   Ammon   ,001

   Kieſelſäure 0,0471 oder ,0314 $\Big\{$

   Freie CO^2 ,2473 $\Big\{$ $0,2787 \times 2 = 0,5574$

Die freie CO^2 (wozu man die freie Kieſelſäure zuzählen darf, weil, wenn man ſie mit den Baſen verbände, eine äquivalente Menge CO^2 frei ſein würde) iſt faſt die Hälfte der vereinigten Atomgewichte von Chlor und Schwefelſäure; die gebundene CO^2 1,6298 Aeq. iſt faſt genau das Dreifache der Aequiv. von Chlor und Schwefelſäure (was 1,6278 ſein würde). Natron + Kali : Magneſia + Kalk = 1:1.

X. Cauterets.

Eine ganz neue Analyſe der Quelle A (du groupe des Oeufs) lieferte Reveil in 10000:

	in Aequ.	Quotienten		Verhältniſſe		
Schwefel	,04701	,0294			3 oder	2 :
Chlor	,5311	,1498	,1792	15	„	10 :
Schwefelſäure	,0619	,0155		1,5	„	1 :
Kieſelſäure	,57	,185	($\times$ 1½ = ,2775)	18	„	12 :
	(oder ,123)			(12)	„	(8) :
Natron	85	,2742		9	„	6 :
Magneſia	,0025	,0012				
Kalk	,0025	,0009	,2768			
Eiſenoxyd	,0043	,0005				

XI. St. Simon

in Savoien von Kramer 1853 analyſirt.

	Aequ.-Quot.	
Chlormagneſium	,00063	Chlor + Schwefelſ. 0,0364
Schwefelſ. Magneſ.	,01874	
„ Kali	,0045	($\times$ 8 = ,036) Kali
„ Natron	,0125	($\times$ 3 = ,0375) Natron
Kohlenſ. Magneſ.	,3848	Magneſia im Ganzen 0,4782
Magneſia noch	,074	
Kohlenſ. Kalk	,47043	Kalk im Ganzen 0,47
Kieſelerde	,027	oder ,018 $\times$ 2 = ,036
Thonerde, Eiſen ?		

Stehen nicht Chlor + Schwefelſäure im geraden Verhältniſſe zu Kali und Kieſelerde, vielleicht auch zu Natron? Iſt nicht Magneſia mit Kali gleichwerthig?

XII.

Nehmen wir die Mittelzahlen von 3 Analyſen, die Filhol mit dem Waſſer der Königinquelle zu Bagneres de Luchon (1849—50) anſtellte und vernachläſſigen wir die kleinen Antheile von Magneſ., Eiſen unb Mangan, so stellen sich die Aequivalentquotienten, zu beren Erzielung die von ihm gebrauchten Atomgewichte benutzt wurden — nur für Kieselerbe nahm ich 30,81 statt 45,3 — wie folgt bar:

Chlor	0,334		Natron	0,8431
Schwefel	,4425	} 1,056	Kalk	,1871 } 1,0705
Schwefelsäure	,2795		Thonerbe	,0423
Kieselerbe	,5362			
Saure Bestanbtheile	1,5922 auf			1,0705 Alkalien

fast wie 1,5:1.

Kalk verhält sich zu Kieselerbe   fast wie 1:3
„   „   „ „ Schwefelsäure   „   „ 2:3
„   „   „ „ (Schwefel   „   „ 2:5)
„   „   „ „ Schwefel + Schwefelsäure „ „ 1:4 (0,7484 statt 0,722).

XIII. Wilbbab, Trinkquelle. Neueste Analyse von Fehling.

In 10000:   In Aequivalentquotienten:

Chlornatrium	2,3543	,403	Chlor + Schwefels.	,4724	Natron
Schwefels. Kali	,1414	,0534	Kieselsäure	,203	mit Kali
				,6754	,678
„ Natron	,3802	,016			
Kohlens. „	1,0908	,206			
„ Magn.	,1031	,025			
„ Kalk	,9614	,192			
„ Eisen	,0037	,0006			
Thonerbe	,0055	,001			
Kieselerbe	,6252	,203			
Freie CO²	1,2661	,575			

Chlor zu Kieselerbe 2:1 (403:203)!
„ zur gebunbenen CO² fast wie 1:1   (403:424)?
„ „ freien   „   „   „ 1:1½ (403:575)?
„ „ ganzen   „   „   „ 2:5 (403:999)!

Alles Natron + Kali zu Kalk mit Magnesia wie 3:2 (678 statt 651:217)?

Chlor + Schwefels. + Kieselsäure zu Natron + Kali = 1:1!
Magnesia zu Kalk fast wie 1:8.

Die anbern Quellen Wilbbab's sinb ber Trinkquelle sehr ähnlich gemischt.

Auch die Analysen von Gastein sinb nicht ohne Anbeutungen von Aequivalentverhältnissen.

XIV. **Ofen.** Kaiferbad nach Pohl 1860.

In Aequ.=Quotienten:

Chlornatrium	2,5972	,4443
Schwefelf. Natron	2,7344	,3428
Kohlenf. Natron	1,3528	,2553
„ Lithion	,1384	,0374
„ Magn.	,336	,08
„ Kalk	2,8854	,5771
Kieselerde	,3155	,102
Kiefelf. Thon.	,034	
Phosphorf. Thon.	,0131	
Halbfreie CO²	2,0893	
Freie CO²	,6156	
SH	,0023.	2,179

1,08 Natron + Lithion (1,1)

,657 Kalk + Magnesia (,66)

1,229 + 0,95 gebunden

(2,2)

Chlor zu aller CO² fast wie 4:20, zu Natron + Lithion fast wie 4:10, zu Kalk + Magnesia faft wie 4:6, zu Schwefelf. fast wie 4:3, zu Kiefelf. fast wie 4:1.

XV. **Damour**, der gegen 1846 das Waffer des **Geyfers** unterfuchte, machte folgende Bemerkung: „Vergleicht man den Sauerstoff= gehalt der Bafen mit dem der Kiefelfäure nach Abzug der übrigen Beftand= theile und der Mengen von Alkalien, welche zur Sättigung der Salzfäure, Schwefelfäure u. f. w. nothwendig find, fo findet man fehr einfache Verhältniffe. Es verhält fich nämlich der Sauerstoff der Kiefelfäure zu dem des Natrons im Geyferwaffer = 9:1 (im Waffer von Bab= ftofa = 8:1, im Waffer von Laugarnes = 6:1). Es läßt fich an= nehmen, daß die Kiefelfäure in jenen Quellen mit dem Natron zu 3NaO, 2SiO³ und NaO, SiO³ verbunden fei."

Damour fand in 10000 (10 Litern) Grammen von:

		oder Aequivalentquotienten	
Chlornatrium	2,638	,4513	,4513
Freies Natron	1,227	[,8471*)]	
Schwefelf. Kali	,18	,0207	
„ Natron	1,343	,1892	,2251
„ Magn.	,091	,0152	
Kohlenfäure	1,52	,7546	(····· = 752)
Kiefelerde	5,19	1,685 oder	1,123
Schwefel	,036	,022	(····· = 225).

*) Natrium des Chlors und fonftiges Natron.

Chlor zu Schwefelsäure wie 2:1.

Gesammtnatron zur Kieselsäure fast genau wie 1:2.

Natron, Kali + Magnesia (1,0722) zur Schwefelsäure fast wie 1:2, zur Kieselsäure fast wie 1:1, zur Kohlensäure fast wie 3:2.

Kohlensäure zur Kieselsäure wie 2:3. Kohlensäure zur Schwefel= säure fast genau wie 1:0,3 (0,7546:0,2264), zum Chlor wie 1:0,6 (0,7546:0,4528).

XVI. **Warmbrunn.** Die neue von Löwig untersuchte Quelle hielt in Aequivalentquotienten:

Chlornatrium	,1334	}	,5	
Schwefels. Natron	,367	}		
Kohlens. Natron	,2973	(,3)	}	,334 CO_2
„ Kalt	,037		}	
Kieselerde	,2714	oder		,161
Jodnatrium	,003			

In den andern Quellen ist noch etwas Magnesia, Thonerde, Phos= phorsäure. Sollten sie in der neuen Quelle ganz fehlen?

XVII. **Liebenzell.** Nach der schon alten Analyse sind in dieser Therme:

	In 10000:	Aequ.=Quot.		Verhältnisse?
Chlornatrium	6,69	1,144	}	
Schwefels. Natron	794	,112	} 1,256	1
Kohlens. Natron	1,042	,1966		2
„ Kalt	1,068	,2136	}	
Eisenoxyd	,13	,016	} ,2296	2
Kieselerde	,534	,1734 oder ,1156		1
CO_2	ca. 1,58	ca. ,74		6

XVIII. **Balaruc** hält nach Figuier (1847) in Aequivalent= quotienten:

Kali	,061	}		Chlor	13,851		
Natron	11,64	}	11,701	SO_3	1,243 × 11 = 13,67	}	15,094
Magnes.	2,317 × 5 = 11,585			CO_2	,61 × 22 = 13,41		
Kalt	1,721						

XIX. Der **Wiesbadener** Kochbrunnen enthält, legt man die Zahlen der Analyse von Fresenius zu Grunde, an Aequivalent= quotienten:

24

Chlor	13,17	
Schwefelsäure	,1327	
Kohlensäure	3,18	$3,3127 \times 4 = 13,251$
Kalk	1,819 u. f. w.	

[Schwefelf. zur Kohlenf. faft wie 1 : 24. Kalk zu Chlor faft wie
1 : 7 (1,819 : 12,733)].

XX. Aachener Kaiferquelle, 1850 von Liebig analyfirt.

In 10000 : Aequ.-Quot.

Chlornatrium	26,394	4,516*)		
Schwefelnatrium	,095	,0243	4,5442	
Bromnatrium	,036	,0035		Chlor und Schwefelfäure c.
Jobnatrium	,0051	,0004		5,1192**)
Schwefelf. Kali	1,5445	,177	0,575	
„ Natron	2,8272	,398	$\times 3 = 1,725$	
Kohlenf. „	6,504	1,227		
„ Magnef.	,5147	,184	0,501	
„ Kalk	1,5851	,317		Kohlenfäure 1,742***) $\times 3 =$
„ Eifenorydul	,0955	,013		5,226
„ Lithion	,0029	,0008		
„ Strontian	,0022	,0003		
Kiefelerde	,6611	,214 (oder 0,143)		
Organifches	,7517			
Kohlenfäure	4,995	2,27		

Schwefelf. 0,575 zur gebundenen CO^2 1,68 etwa wie 1 : 3 (1,725).

Freie CO^2 zum Chlor wie 2,27 : 4,5442, faft wie 1 : 2, zur Schwefelf. faft wie 4 : 1.

Schwefelf. (0,57522) zu Chlor (Schwefel, Brom c.) faft wie
1 : 8 (4,544 ftatt 4,602).

XXI. Ems. Das Krähnchen wurde 1851 von Frefenius un-
terfucht. Er fand in 10000 :

an Aequ.-Quot.

Chlornatrium	9,224	1,578		
Schwefelf. Kali	,428	,05	1,653 Salz- und Schwefelf.	
„ Natron	,179	,025		

*) In 10,000 waren 15,995 Chlor und 2,3009 Schwefelf. oder auf 1 Atom
SO^3 7,844 Atome Chlor (0,57522 : 4,512).

**) Oder 5,2622, wenn man 0,143 Kiefelfäure zuzieht.

***) Gebundene CO^2 nach der Berechnung eigentlich nur 3,695 in 10000, alfo
nur 1,68 Aequ.-Quotiente, was verdreifacht nur 5,04 machen würde. Zieht man die
freie und gebundene CO^2 zufammen, fo befommt man 3,95 oder faft genau 4 Aequ.-
Quotiente, während Chlor 4,5 mit Schwefelfäure aber 5 Aequ.-Quotiente geben.

Kohlens. Natron	13,651	2,576	
" Magnes.	1,293	,308	
" Kali	1,559	,312	**3,196** CO²
" Eisen	,016	,001	**3,305** CO² + SiO²
" Mangan	,007	,001	
Kieselerde	,494	,160 oder, 107	
Kohlensäure	17,86	8,188	

Kali zu Natron (der Sulfate) $= 2:1$

Magn. zu Kalf $= 1:1$

Eisen zu Mangan $= 2:1$

Chlor + Schwefels. zur gebundenen Kohlensäure $= 1:2$

Dieselben zur freien CO² $= 1:5$ $(1,653 \times 5 = 8,265)$

„ „ aller CO² $= 1:7$ $(1,653 \times 7 = 11,571$
statt 11,386$)$.

Die andern Brunnen haben eine sehr ähnliche Mischung.

XXII. In der gypshaltigen Therme von **Bullicame** in Viterbo (Liebig-Kopp's Jahresbericht 1853) sind in Aequivalentwerthen:

Jod	,013	
Schwefelwasserstoff	,06	**2,27** auf gebundene CO² 1,497 × 1½ = **2,255**
Chlor	,09	
Schwefels.	2,107	
Kalk	**3,378** × ½ = **2,252**	
Magnes.	,316	

In kalten Gypsquellen scheinen einfache Verhältnisse selten zu sein.

XXIII. Therme zu **Rouzat** neulichst von Lefort untersucht gab

	in 10000:	Aequ.-Quot.	
Salzsäure	6,45	1,769	**2,1965**
Schwefels.	1,71	,4275	
Phosphors.	,1	,0141	
Kiesels.	1,06	,3441 oder ,229	
CO² im Ganzen	20,3	9,225	
Gebundene		2,958 oder **2,729***)	
Halb u. ganz freie		6,267 (resp. 6,496)	
Kali	,88	,189	**2,186**
Natron	6,19	1,997	
Magnesia	2,49	1,245	
Kalk	4,27	1,525	**2,796**
Strontian	,03	,006	
Eisenoryd	,16	,02	

*) Nämlich, wenn man Kieselsäure (0,229) in Verbindung mit Alkalien bringt.

Kali + Natron fast äquivalent mit Salzsäure + Schwefelsäure. Magnesia zur freien CO^2 fast wie $1:5$, Kalk zu Natron fast wie $3:4$. Wenige einfache Proportionen!

XXIV. Baden in Baden. Hauptquelle nach Bunsen 1857.

Aequ.-Quot.

Chlor	3,9252		Natron	3,679
Schwefelf.	,2857	} 4,467	Kali	,2223 } 3,9113
Kiefelf.	,256 ober ,387		Ammon	,01
Geb. CO²	,254		Magnesia	,035),5563×7=3,8941
Freie CO²	,431		Kalk	,5177 } ober ×8=4,4504
			Eisen	,0036)× 8 = 4,4504

Die erbigen Bestandtheile bilden $1/7$ der alkalischen oder $1/6$ der Summe beiber ober ber Summe ber fie neutralifirenben Säuren.

XXV.

Aus Kellers Analyse (1845) ber Gypstherme von Baden bei Wien (Römerquelle) würben sich folgenbe Verhältnisse berechnen lassen:

Natron	,9646 } 1,038	Chlor	,8819	
Kali	,0731	Schwefel	,0582	} 0,992 (fast 1)
		Kiefelerbe	,0521 ober ,0782	
Magnesia	,5 } 1,9232 (fast 2)	Schwefelf.	1,5498	
Kalk	1,4232	Geb. CO²	,4712 (0,5)	} 1,122
		Freie CO²	,651	

XXVI. Schinznach nach Bolley unb Schweizer 1858.

Aequ.-Quot.

Chlornatrium	1,603	Natron + Kali	1,9038 × 2 = 3,808
Schwefelf. Kali	,0925	Magnesia	,768 } 2,596 × 1¼ =
„ Natron	,2083	Kalk	1,804 } 3,894
„ Magn.	,35	Eisen + Thonerbe	,024
„ Kalk	1,509	Chlor	1,603
Kohlenf „	,295	Schwefelf. .	2,18 } 3,805
Magnesia	,418	Kiefelf.	,0416
Eisenorybul	,004	CO² gebunden	,295(+,418 Magn. =0,713)
Thonerbe	,02	SH	,54 × 4 = 2,16
Kieselsäure	,0416		

---

*) Streng genommen ist alle CO^2 frei, weil Kieselsäure genug zur Neutralifirung ba ist.

Ist es nicht sonderbar, daß die fixen Säuren das Doppelte des Kali + Natrons sind? Der Schwefelwasserstoff, der übrigens wechseln soll, ist gerade ¼ der Schwefelsäure.

XXVII. Die Thermen von **Pätigorsk** wurden 1854 von Fritsche untersucht. Er fand (außer einer Kleinigkeit schwefelsaures Natron) folgende Werthe in Aequivalentquotienten ausgedrückt:

Chlorkalium	,076 }	1,925 Chlor	
Chlornatrium	1,849 }		
Schwefels. Natron	1,187		3,125 Kali + Natron
„ Magn.	,037 }	,366 × 3 = 1,098 }	
Kohlens. „	,329 }		2,049 Kalk + Magn.
„ Kalk	1,683	1,683 }	
Kieselsäure	,169 oder ,113		
Jodnatrium	,013		
Schwefelwasserstoff	,05		
CO² frei	4,659		

Schwefels. 2,224
Chlor und Jod 1,938
_____ 4,163
Kohlens. 2,012
  „ Magn. ,329 × 5 = 1,645 (kohlens. Kalk).

XXVIII. **Wilbegg,** untersucht von Hepp.

Aequivalente			Aequ.-Quot.	
	Chlor	57,67	18,263	
	Jod	,3	,024	
30	Brom	,08	,01	} Säuren 20,494
40	Schwefels.	18,18	4,045	
30,8 oder 40,2	Kieselsäure	,48	,152 oder 0,1	
47	Kali	4,78	1,017	Alkalien 18,538
	Natron	35,7	11,57	
20	Magnesia	4,07	,2035	
	Kalk	10,88	3,886 }	3,986 (fast 4).
56	Eisenoxydul	,35	,1	

Das Wasser müßte nach dieser Analyse freie Säure haben. Die andern ziemlich abweichend ausgefallenen Analysen zeigen dies nicht; sie geben vielmehr Carbonate an.

Kali : Magnesia : Kalk + Eisen oder Schwefels. : Chlor = 1 : 2 : 4 : 16.

Kieselsäure : Kalk = 1 : 10? Brom + Jod : Kali = ½ : 1.

XXIX. Je weiter die Verhältnißzahlen auseinanderstehen, desto mehr hat das Spiel des Zufalles Raum. Deßhalb habe ich auch keine

28

allzuhohen Multipla hervorgehoben. Doch kann ich mich nicht enthal=
ten, eine ganz neue Analyse der Soole von **Eggerstorffshall** von
Lenzen 1859 angestellt in Aequivalentzahlen mitzutheilen, wobei die
Schwefelsäure 1/40 des Chlors und die Erben 1/31 der Alkalien betragen.

Sollte hier nicht vielleicht der kohlensaure Kalk unberücksichtigt
geblieben sein, so daß die Erben 1/30 der Alkalien ausmachen würden?

Chlor	**441**,28	Natrium	433,3	Magnesia	9,911
Schwefelf. 11 × 40 =	**440** Kali		4,865	Kalk	4,23
			438,12	Eisen	,015
Phosphorf., Borf., Salpeterf. Spuren					14,156 × 31 =
					438,84

XXX. Die Hauptbestandtheile des von Bley 1828 analysirten
Beringer Brunnen sind in 16 Unzen:

		Aequ.=Cuot.	
Chlornatrium	87,	14,92	
Chlorcalcium	78,02	14,07	
Chlormagnium	3,19	,672	14,74
Chloraluminium	2,397.		

XXXI. Gehen wir zu Sauerwässern über; zunächst zu dem von
Gorup=Besanez 1850 untersuchten **Stebener** Säuerling.

in Aequivalent=Quotienten

Chlor	,0167	,00471		
Schwefelsäure	,0576	,01440	0,2181	Diese Summe entspricht der Hälfte des Kalks.
Kieselsäure	,6131	,199		
Kohlensäure	19,324	8,784		(Zwanzigmal so viel als Kalk?)
Natron	,355		0,1145	Natron : Magn. : Kalk fast wie 1 : 2 : 4.
Magnesia	,4291		0,2145	
Kalk	1,2202		0,4364	
Eisenorydul	,254	,0705		

XXXII. Das Sauerwasser von **Lamscheid** enthielt 1826 nach
Bischof

Salzsäure	0,0299 Aequ.=Cuot. oder	1,52 Atom zu	
Schwefelsäure	0,0216	1	

Das Wasser von **Geilnau** hatte nach Fresenius 1857
0,06184 Chlor=Aequ. auf 0,03233 Schwefelsäure, d. i. fast 2 auf 1.

XXXIII. Bei keiner Analyse ist das proportionale Verhältniß der
Salze durchscheinender als bei der bereits vor 1828 von Monheim

angestellten Analyse des Pouhons von **Spa.** So fand er in 1 Mil=
lion Theilen Wasser:

			Aequivalentzahlen	Quotiente
Kohlens.	Natron	117,9	53	2,22
„	Magn.	41	42	fast 1
„	Kalk	100	50	2
„	Eisenoxdul	114	58	fast 2
Kieselerde		366	308	1,19

Zudem ist das Chlornatrium fast genau ⅕ des kohlens. Natrons,
die gebundene CO^2 fast genau ⅛ der freien. Doch will ich auf diese
Verhältnisse kein Gewicht legen, weil die Analysen anderer Chemiker
sehr verschieden ausgefallen sind. (Vgl. Lersch, Einleitung in die
Mineralquellenlehre. 1860, II, p. 1560.) Zudem sind jene Proportionen
in den Analysen, welche derselbe Chemiker mit den andern Quellen
angestellt hat, gar nicht vorhanden.

XXXIV. Der erst Ende 1859 zu Tage geförderte Mariensprudel
zu **Neuenahr** (41° warm) enthielt nach **Mohr** in 10000:

		Aequ.= Quot.	
Chlornatrium	,91	,1556	Chlor + SO³
Schwefels. Natron	1,005	,1415	,297
Kohlens. Natron	7,331	1,383	Natron im Ganzen 1,68
„ Magn.	3,509	,8355	Magn. ,84
„ Kalk	2,1	,42	Kalk ,42 } 2,95
Eisenoxyd	,09	,01	Eisen ,01
Kieselerde	,25	,081	

Kalk zu Magnesia zu Natron $= 1 : 2 : 4$!

XXXV. In der neuesten Analyse (Fresenius 1859) der
Wildunger Helenenquelle verhalten sich

Natron		Magnesia		Kalk	wie:
5,9756	:	8,95	:	8,8193	oder in Aequivalentquot. wie
,11275	:	,2131	:	,17639	oder ungefähr wie
1	:	2	:	1,5	

(In der dortigen Georg=Viktorquelle ist das Verhältniß von Kalk
zu Magnesia ganz ungerade).

XXXVI. Sulzmatt nach Béchamp.

	Aequ.-Quot.	Verhältniß	
Chlornatrium	,1208	4/3	) Chlor + Schwefelsäure
Schwefelf. Kali	,1664	3/3 ?	} 0,3192 × 4 =
„ Natron	,032	1/3	) 1,2768
Kohlenf. „	1,277		1,277
„ Lithion	,032	1/3	) CO²
„ Magn.	,4905	5	} 1,1205
„ Kalk	,598	6	)

$$2,3975 \times 5 = 11,9875$$

Borfaures Natron	,0985	1
Freie CO²	11,236	
Natron	1,5283	15?
Kali	,1664	) ,1984 2
Lithion	,032	)
Magnesia	,4905	)
Kalk	,598	} 1,0985 11
Eisen ?	,01	)
Schwefelsäure		,1984 2
Borsäure		,0985 1
Kieselerde		,206 2
Gebundene CO²		2,3975 24

XXXVII. Der **Rohitscher**, 1858 von Knauer untersuchte Ferdinandsbrunnen hat in 7680 Theilen Wasser an Aequivalentquotienten unter andern

Magnesia	,7083
Kalk	1,13
Thonerde	,0046
	1,8429
Kali	,0475
Natron	1,5906
	1,6381
Rest der Erden	,9213
	2,5594
Minus Thonerde	,0046
Schwefelf.	,8372
Chlor	,0445
Kieself.	,04 oder ,06

verbunden mit CO² 2,5947 oder nach Abrechnung der Kieselsäure nur 2,5547.

$$,9217 \times 2 = 1,8434$$

XXXVIII. **Royat**, große Quelle, Therme, nach Rivet.

Aequ.-Quot.

Chlornatrium	2,98	} Chlor + Schwefelfäure	
Schwefelf. Natron	,3169	3,297	Natron 4,877
2fach kohlenf. Natron	1,58	3,16 CO²	
" " Magnef.	,6625	= 4,281 CO²	
" " Kalt	1,417 } 2,1406		Erden+Kiefelerde 2,42
" " Eifen	,0611 × 1,5 = 3,211 Erden		
Kiefelerde	,28 oder ,187		

CO² des Natrons zu CO² von Magnefia + Kalt + Eifen = 3:4.
Eine zweite dortige Quelle ift faft von ganz gleicher Mifchung.

XXXIX. **St. Nectaire.** Kleine Boette-Quelle (I), die wärmfte und falzreichfte der dortigen Quellen, nach Rivet. Große Mandon-Quelle (II) nach Terreil (1858). In Aequivalentquotienten auf 10000 berechnet:

	I	Verhält.	II	Verhältniffe
Chlornatrium	4,2935	9	4,067	8
Schwefelf. Natron	,2535		0,	
2fach kohlenf. Kali			,205 } 6	
" " Natron	3,96	8	2,8047	
" " Magnefia	,5214*)	1	2,2053	
" " Kalt	,9986	2	,2844 } 5	
" " Eifen	,052	1/10 ca.	,04	
Kiefelerde	,357 oder		,388 ob.	
	,238	1/2	,259	1/2
Freie Kohlenfäure	?	?	1,0677*)	2
Gebundene u. halbfreie	11,064	22	10,9988	22

*) Nach neuerem Aequivalente berechnet etwas weniger.

*) Nämlich im Litre 0,2348 Gramm.

Zwei andere Quellen von St. Nectaire find mit der wärmften faft identifch in der Mifchung.

XL. Die neulichft von Comaille und Lambert unterfuchte **Acqua acetosa** gibt in 10000 an Aequivalentquotienten:

Chlor	2,7098	
Schwefelf.	,3772	
Kiefelf.	,438	} 2,7632
	oder ,292	
Gebund. CO²	1,048	
Zweites Atom CO²	1,948 × 3 = 5,844	
Freie CO²	5,8375	

Natron	2,785
Magnesia	,7833
Kalf	1,916
Eisenoryb	,0035
Manganoryb	,0076

2,7104

Alle freie CO^2 also genau 4 mal so viel als die ganz gebundene.

Wurde Chlor als Kochsalz aufgenommen ober war es ursprünglich mit den Erdmetallen verbunden, dagegen die Kohlensäure mit den andern Säuren, mit dem Natron?

XLI. **Selters** nach **Kastner** 1838 den Hauptbestandtheilen nach:

in Aequivalentquotienten

Chlornatrium	22,713	3,895
Kohlens. Natron	8,017	1,513 fast wie 3
„ Magn.	2,197	,5231
„ Kalf	2,418	,4836

1,0067 zu 2 } 5

| Freie CO^2 ca. | 22,7 | 10,32 | 20 |

Alle CO^2 (12,84 $\times$ 0,3 = 3,852) zu Chlor wie 10:3.

XLII. **Roisdorfer** Säuerling von G. Bischof zweimal (1824 und 1825) untersucht.

in Aequivalentquotienten

Chlornatrium	17,896	19,01	3,061	3,252	
Schwefels. Natron	4,481	4,782	,6311	,6735	3,9255 × 3 = 11,776
Kohlens. „	9,453	7,865	1,784	1,484	
„ Magn.	2,804	3,985	,6598	,9376	2,9858 × 4 = 11,943
„ Kalf	3,169	2,821	,6338	,5642	
Freie CO^2		25,99		11,81	

Chlor + Schwefelsäure zur freien CO^2 = 1 : 3

„ „ „ gebund. „ = 4 : 3

Gebundene CO^2 zur freien CO^2 = 1 : 4

	1824	1825
Kohlens. Natron + Magnesia	2,4338	2,4216
Kohlens. Kalf + schwefels. Natron	1,2649	1,2377

(Kohlens. Natron mit Gyps umgesetzt)

XLIII. **Heppingen.** Mohr's neue Analyse ergab in 10000:

in Aequ.-Quot.

Chlornatrium	4,925	,8426
Schwefels. Natron	2,82	,3972
Kohlens. „	10,585	1,9972

1,24

Kohlenf. Magn.	8,925	2,125	
. Kalf	1,95	,39	
. Eisen	,036	,006	0,512 × 4
Kieselerde	,325	,106 × 2 = ,212	= 2,048
CO² (nach Bischof)	27,68	12,6	12,6 div. durch 6 gibt 2,1

Bietet sehr wenige einfache Verhältnisse! Das kohlenf. Natron ist fast mit der kohlensauren Magn. und das schwefels. Natron fast mit dem kohlenf. Kalf gleichwerthig. Die freie CO² gilt etwa 10 mal so viel als Chlor + Schwefels. zusammen, die Magnesia 20 mal so viel als die Kieselerde, Kalf 4 mal so viel als Kieselerde. Kalf, Eisen und Kieselerde zusammen sind $\frac{1}{4}$ der Magnesia.

XLIV. **Heilbrunn** zu Burgbrohl enthält nach G. Bischof (1832?) in 10000:

		in Aequ.-Quot.	
Chlornatrium	16,695	2,839	3,2725 Chlor + Schwefelsäure.
Schwefels. Natron	3,078	,433	
Kohlenf. „	17,496		3,301
„ Magn.	10,936	2,604	3,353
„ Kalf	3,745	,749	CO² 6,846
„ Eisen	1,116	,192	
Kieselerde	,678	,221 oder ,147	
Kohlensäure	49,42	22,468	4
Wasser	9897	11000.	

Die Reduktion geschah wie immer nach den neuern Atomgewichten; sonst wäre die Zahl der kohlenf. Magn. etwas kleiner ausgefallen und damit den andern Zahlen entsprechender!

Natron zu Magnesia + Kalf = 2 : 1
Chlor + Schwefels. zur gebundenen Kohlenf. = 1 : 2.

Gebundene CO² an Gewicht 16,73 × 3 = 50,19. Die ganz und halb freie CO² beträgt 49,42!

Wie im vorliegenden Beispiele so ist auch in manchen anderen Quellen, die auf Aequivalentquotiente berechnet sind, auffallend, daß diese Multipla von 0,11 oder 1,1 zu sein scheinen. Es ist das vielleicht nicht zufällig, sondern von den vorhandenen Wasseräquivalenten abhängig. Dividirt man nämlich 10000 Theile Wasser durch 0,9 oder $\frac{1}{10}$ des Wasseräquivalents, so kommen auch 11111 Wasser-Aequivalentquotiente heraus, oder doch nahe diese Zahl, wenn man die Zahl der festen (und flüchtigen) Stoffe von 10000 abgezogen hatte. Die Gesammt-Aequivalentquotiente der Salze und der CO² stehen also zum Wasser in einem gewissen einfachen Verhältnisse. Im Heilbrunn haben wir gewissermaßen eine Combination vor uns mit 33 Aequ. Salzen und CO_2 und 11000 Aequ. Krystallwasser oder mit der 333fachen Menge Wasser.

XLV. Gleichenberg, Römerquelle, von Hruschauer 1845 analysirt.

	Aequ.-Quot.		Verhältnisse
Chlornatrium	3,08	} 3,193	3
Schwefels. Natron	,113		
Kohlens. „	4,277		4
„ Magnesia	1,052		1
„ Kalk	,642	}	
„ (Eisenoxydul	,0373	}	ca. ?/₄
Phosphors. Thonerde			
Kieselerde	,193 oder ,129		
Freie CO_2	13,72		ca. 14
Gebundene CO_4	6,008		

XLVI. Grande Grille von Bichy nach Bouquet 1853.

		Aequ.-Quot.	
Salzsäure	3,34	,916	}
Schwefelsäure	1,64	,41	} 1,426
Phophorsäure	,7	,1	}
Natron	24,88	8,026	
Kali	1,82	,3863	}
Magnesia	,97	,485	} 1,4749
Kalk	1,69	,6036	}
Gebundene CO_2	17,55	7,977 (8)	
Freie CO_2	26,63	12,105	

Natron zur gebundenen CO_2 wie 1 : 1, zur freien wie 2 : 3. Magnesia zu Kalk wie 4 : 5.

XLVII. Vorzéd, Trinkquelle, von Schnell 1852 analysirt. In 10000:

		Aequ.-Quot.	
Chlorkalium	,25	,0322	| ,1672 Chlor
„ natrium	,79	,135	|
Kohlens. Natron	7,78	1,468	Natron + Kali 1,635
„ Magn	7,07	1,683	Magnesia 1,683*)

---

*) Nach damaligem Atomgewichte wohl etwas weniger.

Kohlenf. Kalk	15,07	3,014		
„ Eisen	,15	,026	} 3,05	
Thonerde	,05	,01		
Kieselerde	,76	(,165 ober) ,247	} 3,297	
Freie CO²	17,92	8,145 × 4 =		32,58

XLVIII. Der Sprudel zu **Berg**, 1851 von Sigwart analysirt.

In 10000:

		Aequ.=Quot		
Chlornatrium	20,86	3,569		
Schwefelf. Kali	,637	,0731	}	Kali + Natron 3,698
„ Natron	,397	,0559		
„ Magn.	4,61	,7683 (× 5 = 3,8415)		
„ Kalk	11,75	1,349	}	Kalk 3,699
Kohlenf. „	8,597	2,35		
„ Eisen*)	,316?	,0545		
Freie CO² ca. 20,		ca 9,1		
Gebundene CO²		2,404 × 4 = 9,616		
Schwefelsäure		2,246		
Magnesia		',7683 × 12 = 9,2		

Gebundene CO² zu Chlor = 2 : 3.

Neues Stuttgarter Mineralbad zu **Berg**, analysirt von Fehling 1856.

In 7680 Theilen auf 1,4445 Aequ.=Quot. Natron 8,6911 Kalk.

$$\frac{6}{8,6670}$$

Kali + Natron 1,521 (× 6 = 9,126) auf 9,248 Magnesia + Kalk.

XLIX. **Clermont Ferrant** nach Lefort (1859). Gartenquelle.

		Aequ.=Quot.		
Chlornatrium	10,73	1,8354		
Schwefelf. Kali	1,	,1148	}	Chlor + Schwefelf. 1,9556
„ Strontian	,04	,0044		
2f. kohlenf. Kali	,4	,044		
„ „ Natron	7,12	,952	}	2,0257
„ „ Magn.	6,59	1,0297		
„ „ Kalk	14,07	1,9542	}	2,0029
„ „ Eisen	,39	,0487		
Phosphorf. Natron	,02			
Thonerde	,04	,0078		
Kieselerde	1,	,324 ober ,216		
Kohlensäure	16,33	7,4227		

*) Diese Zahl rührt eigentlich nicht von Sigwart her.

3*

Ist es Zufall, daß Chlor + Schwefels. dem Kalkgehalte äqui=
valent sind, daß Kali + Natron (2,9462) mit Magnesia + Kalk
(2,9839) gleichwerthig sind, daß Kalk das Doppelte von Magnesia be=
trägt, daß die freie und die halbfreie CO_2 (11,4513) fast das Dreifache
von der ganz gebundenen (4,0286) ist? Verbindet man die Kieselerde
(0,216) mit den Alkalien, so ist nur 3,8126 gebundene CO_2; 3 mal
diese Zahl macht aber 11,4378. Die Carbonate sind also genau als
vierfach kohlensaure Salze zugegen.

L. St. Yorre, 1860 von Bouquet untersucht.

		Aequ.=Quot.	
Chlornatrium	5,55	,9494	} 1,3438 × 5 = 6,719
Schwefels. Natron	2,8	,3944	
2f. kohlens. Kali	3,37	,3703	
„ „ Natron	48,38	6,4506	6,8279
„ „ Strontian	,07	,007	
„ „ Magnes.	2,74	,4281	} 1,3767 × 5 = 6,8835
„ „ Kalk	6,83	,9486	
„ „ Eisen	,1	,0125	
Kieselerde	,35	,1137 oder ,0778	
Kohlensäure	15,49	7,04091	
Freie u. halbgeb. CO_2		15,258	
Kali + Natron		8,1647	
Magn. + Kalk		1,3767 × 6 = 8,2602	
Gebundene CO_2		8,2171	
Chlor + Schwefels.		1,3438 × 6 = 8,0628	

LI. Friedrich = Wilhelm = Sprudel zu Nauheim, analysirt von Avenarius.

		Aequ.=Quot.			
Chlorkalium	2,	,269	Kalium + Natrium		
„ natrium	345,68	59,31	} 59,579		
„ magn.	5,12	1,078	1,078	} Chlor 65,795	
„ calcium	28,6	5,158			
Schwefels. Kalk	,58	,085	} Kalk 8,545	Geb. CO_2 3,302	
Kohlens. „	16,51	3,302			
Kalk + Magnes.		9,623			

(Freie CO_2 angeblich nur etwa 12,4 = Aequ. 5,64)

Geb. CO_2 zu Chlor wie 1 : 20. Magnesia : Kalk = 1 : 8.
Kalk + Magn. zu Kalium + Natrium wie 1 : 6 (57,738 statt 59,58)?
(Im kleinen Sprudel verhält sich Kalk zu Kalium + Natrium ähnlich.)

Kleiner Sprudel zu Nauheim nach Bromeis.

In Aequ.-Quot.

Chlorkalium	2,7	,327
Chlornatrium	198,5	33,961
Chlormagnes.	3,49	,735
Chlorcalcium	17,34	3,129
Schwefels. Kalk	1,09	,16
Kohlens. „	12,79	2,558 ($\times$ 4 = 10,232) CO_2 geb.
ꝛc. ꝛc.		
Freie CO_2	22,59	10,26 CO_2 frei

Chlor 38,052

$12,818 \times 3 = 38,454$

Gebundene CO_2 zur freien wie $1:4$.

Gebundene und freie CO_2 zu Chlor wie $1:3$.

Gebundene CO_2 zu Chlor wie 1:15 (im Friedrich Wilhelm wie 1 : 20).

Schwefelsäure zur gebundenen CO_2 wie 1 : 16 genau.

Die gebundene CO_2 scheint, wie im vorhergegangenen Beispiele, überhaupt in den Sauerwässern nicht selten zur freien in einem bestimmten Verhältnisse zu sein. So sind z. B. im Homburger Louisenbrunnen in 10,000 Granen W. 3,7951 Grane CO_2 ganz gebunden während die halb und ganz freie CO_2 22,7199 beträgt. 3,7951 $\times$ 6 ist aber gleich 22,7706! Zuweilen ist hier aber zu berücksichtigen, daß die Verbindung der gewöhnlich frei gedachten Kieselsäure mit Alkalien die Zahl der gebundenen CO_2 etwas niedriger macht, als sie angegeben zu werden pflegt. Vgl. noch Marienbaber Kreuzbrunn nach Ragsky's Analyse, Bichy, Berg, Selters, Roisdorf, Heppingen und andere erwähnte Quellen.

Auch bei Nicht-Sauerwässern sehen wir Aehnliches. So beträgt im W. des Hubbades nach Bunsens Analyse (1853) die halbcombinirte CO_2 49,572 K. T. im Liter, die freie 48,68.

LII. Der Oeynhauser Soolsäuerling bietet ein nicht zu verkennendes Beispiel einfacher Proportionen. Bischof fand in 10000:

Aequ.-Quot.

Brommagnium	,001	Chlor + Brom	59,523	
Chlornatrium	57,25			
Chlormagnium	2,272	Schwefelsäure	8,808 $\times$ 8 = 70,464	
Schwefels. Kali	,054	Kali + Natron	57,304	
„ Magn.	5,531	Magn.	7,809 $\times$ 9 = 70,236	
„ Kalt	3,223	Kalk + Eisen	6,259 ($\times$ 11 = 68,85?)	
Kohlens. „	2,918	Erden	14,062 $\times$ 5 = 70,3	
„ Eisen	,118		14,062 $\times$ 4 = 56,248(cf.Natr.)	
Kieselerbe	,151 oder 1			

CO² gebundene 2,818 — Kieself.*) × 25 = 70,4
„   frei ca. 6,5 (× 11 = 71,5?)

Eine andere Analyse derselben Quelle, 1841 von Brandes ausgeführt, hat in Aequ.-Quotienten:

Chlor	67,08		67,08
Schwefelf.	8,69	(× 8 = 69,52)?	
CO²	1,926	(× 36 = 69,336 ober × 35 = 66,41)?	
Kali	,003		
Natron	66,95		66,95
Magnef.	3,342 × 20		66,84
Kalf	7,32/ × 9		66,6
Eifen	,08\		

Sollen die Verhältnisse der Bestandtheile eines Wassers so wech-
feln können, wie es die Vergleichung dieser beiden Analysen vermuthen läßt?

LIII. **Orb**, Ludwigsquelle von Rummel vor einigen Jahren
unterfucht. In 10,000 Aequivalentquotiente:

Chlor	51,113)	55,060 + Kieself. 55,1	SO³ + SiO³	4,002
Schwefelf.	3,947) × 13 = 51,31		CO²	5,004
Gebund. Kohlenf.	5,004 × 11 = 55,044		Erben	11,131
Kieself.	,055 ober ,037		Erben ohne Eifen	11,027
Kali	,2672			
Natron	48,65 } 48,927			
Magnefia	2,683			
Eifen	,104 } 2,787 × 3 = 8,361	{ 11,131 × 5 = ob.	4,5
Kalf	8,344 × 0,6 = 5,006	{ 55,655	50,009

Schwefelf. 3,947 × 13 = 51,31 (ftatt 51,113).
„   zur CO² wie 4:6, faft genau, wenn man die Kiefelf. zur Schwefelf. zieht.

LIV. Der **Marienbader Kreuzbrunn** enthielt 1843 nach **Kersten**
(I) und 1842 nach **Bauer** (II) und 1858 nach **Ragsky** (III) folgende Werthe, wobei ein wenig schwefelf. Kali, da es nicht in's Gewicht
fällt, weggelassen wurde.

	I	II	In Aequ.-Quot.		Verhältniß
Chlornatrium	14,49	16,029	2,479	2,742	ca. 2 (2,5)
Schwefelf. Natron	47,007	46,201	6,621	6,507	6
Kohlenf. „	11,807	11,857	2,228	2,238	2
„ Magn.	4,636	3,896	1,104	,928	1

*) Man kann die Kieself. von der Kohlenf. abziehen, weil, wenn jene an Alkalien
gebunden wird, dafür Kohlenf. frei bleibt.

Kohlenf.	Kalk	6,036	5,09	1,207	1,018	1
"	Eisen	,453	,609			
Kieselsäure		,884	,773	0,0287	0,0251	
Freie CO²		19,476		8,855		8

Auf 1 Aequ. Kalk ober Magnesia (Carbonate) kommen 2 Aequ. Natron (kohlenf.), 4 Aequ. gebundener CO², 6 Schwefelsäure, 8 freier CO².

Marienbader Kreuzbrunn. Analyse von Ragsky 1858.

	III	In Aequ.=Quot.
Chlornatrium	17,011	2,913
Schwefelf. Kali	,522	6,976
" Natron	49,531	,06
Kohlenf. "	11,749	2,217
" Lithion	,046	0,013
" Magnef.	4,338	1,034
" Kalk	5,195	1,039
" Strontian	,007	,001
" Eisen	,351	,005
" Mangan	,031	,06
Kieselerde		,82	,268 ober ,179 ic.
Kohlensäure	19,68	8,945

9,049

2,217

$4,368 \times 2 = 8,736$

(2,151)

8,945

Magnesia zu Kalk 1:1.

Chlor + Schwefelf. : zu Kohlenf. wie 9 zu 4 : zur freien CO² wie 9 zu 8.

LV. Die **Franzensbader** von Cartellieri untersuchte Neuquelle bot (außer phosphorf. Thonerde 0,247) in 10000:

		In Aequ.=Quot.		Verhältniß
Chlornatrium	11,314	1,936*)		1
Schwefelf. Kali	2,093	,2405		
" Natron	28,477	4,011	4,2515	2
Kohlenf. "	7,275	1,372		
" Magnef.	,699	,1664		
" Kalk	1,824	,3648	2,058	1
" Eisenoryd.	,37	,0638		
Kieselerde	,642	,091		
Freie CO²	22,441	10,2		5

Alle Franzensbader Quellen sind so ähnlich gemischt, daß dieselben Verhältnisse für alle andern dortigen Quellen gelten.

---

*) Zempf ch hat 12,021 Chlornatrium und dabei nur unbedeutend mehr Schwefelf. gefunden. Der Quotient des Chlornatriums würde sich banach auch 2,056 stellen.

40

LVI. In ber Trinlquelle von **Elſter**, einem ſalzreichen Sauer-waſſer ſind nach Flechſig vorhanden in 10000:

In Aequ.-Quot.

Chlor	9,0798	2,561	
Schwefelf.	20,8654	5,216	} 7,777 × 1,5 = 11,665
Kohlenf.	25,7456	11,7	
Natron*)	3,0478	,9832	*) Bloß das
Magneſ.	,3787	,1894	des kohlenf. Na-
Kalt	,9975	,2766	trons.
Eiſenorxbul	,3738	,1038 } 1,6556	
Manganorxbul	,1181	,0332	
Kali	,2417	,0512	
Lithion	,2683	,01795	

Chlor zu Schwefelf. = 1 : 2.

Chlor + Schwefelf. (7,777 Aequ.) zu CO^2 (11,7 Aequ.) = 1 : 1,5 (7,777 : 11,665).

(Kalk zu Natron 2 : 7.)

" " Magn. 3 : 2.

" " Eiſen und Mangan 2 : 1.

" " Kali + Lithion 4 : 1.

LVII. Döbereiner fand ſchon, daß im **Karlsbader** Waſſer mehrere Stoffe in ſtöchiometriſchen Verhältniſſen vorhanden waren. Er unterſuchte den Neubrunnen und den Sprudel und fand beide faſt ganz gleich gemiſcht. Aus 40 K. Z. Neubrunnen oder aus 11,580 Granen (wenn wir mit ihm den K. Z. deſtillirten Waſſers zu 288 Granen oder den K. Z. Karlsbader Waſſers zu 289,5 Granen annehmen) fällte er 44 Gran ſchwefelſauren Baryt und 27 Gran Schwefelſäure, woraus ſich berechnen auf 10,000 Theile Karlsbader Neubrunnen:

Schwefelſäure 13,036 oder in Aequ.-Quot. 3,259 SO³.

Chlor 5,765 " " " 1,626 Chl..

Nehmen wir die Analyſe von **Struve** von 1834 zur Hand!

In 10000 Sprudel waren: oder in Aequ.-Quot.

Chlornatrium	10,4811	1,793 faſt 1,8			
Schwefelf. Kali	,9348	,1083 } 3,6325 SO³			
" Natron	25,027	3,525			
Kohlenf. "	13,2036	2,491	2,491		
" Magn.	2,2967	,5468*) } 1,2422		1,2528 } 3,7438	Gebund. CO²
" Kalt	3,3761	,6954			
" Eiſenorxbul	,0612	,0106			

*) Nach dem früheren Aequivalent-Gewichte etwas weniger.

Kieselerde ,7912 ,2569 + Geb. CO² = 4,0007
Freie CO² nach Berzelius 8,7195 3,9625

Döbereiner hatte im Neubrunnen also etwas weniger Schwe=
felsäure und Chlor gefunden als nachher Struve, doch blieb das Ver=
hältniß beider Stoffe (2 : 1) gleich!

Chlor zu Schwefelsäure wie 3 : 6, zu kohlens. Natron wie 3 : 4,
zu kohlens. Magn. + kohlens. Kalk wie 3 : 2.

Die neueste Analyse des Sprudels von Göttl ausgeführt, dif=
ferirt durch den starken Kali=Gehalt sehr von den älteren Analysen
und zeigt auch gegen die Versuche von Berzelius manche Unter=
schiede zwischen dem Sprudel und den andern Quellen. Im Sprudel
fand er

Chlor	1,944	Aequ.=Quot.
Schwefels.	4,144	
Gebundene CO²	2,81	
Kieselsäure	,4447	
Freie CO²	4,579	
Kali	1,4	
Natron	6,914	
Magnes.	,1238	
Kalk	,4534	
Eisen	,007	
Thonerde	,0546	

Sogar in den Bitterwässern treffen wir einfache Verhältnisse
unter mehreren Stoffen an:

LVIII. **Saidschütz** nach Berzelius.

		Aequ.=Quot.	
Brom	,048	,006	Saure Stoffe 37,438.
Chlor	2,007	,566	
Schwefels.	117,04	29,41	
Salpeters.	23,725	4,39	7,44 (× 4 = 29,76)
Kohlens.	6,71	3,05	
Kiesels.	,046	0,16	
Kali	2,884	,614	9,332 (× 4 = 37,328)
Natron	26,717	8,618	
Magnesia	50,961	25,48	(× 1½ = 38,22)

Natron zu Magnesia = 1 : 3 (8,618 × 3 = 25,854).
Im Wasser des todten Meeres war dieses Verhältniß wie 1 : 2
(s. oben).

Im **Mergentheimer** Bitterwaſſer verhält ſich umgekehrt die Magn. zum Natron = 1 : 4.

Zieht man die Sauerſtoff-Aequivalente des Brom- und Chlorwaſſerſtoffs, der Salpeterſäure, Kohlenſäure und Kieſelſäure zuſammen, ſo erhält man 28,654 gegen 3 × 29,41 Sauerſtoff-Aequivalente der Schwefelſäure.

Endlich noch eine Bemerkung über Mutterlaugen. Sie eignen ſich wohl zuweilen, um das Verhältniß derjenigen Salzbeſtandtheile herauszuſtellen, die beim Verdampfen derſelben ſich nicht abſetzen. Nehmen wir ein Beiſpiel von Kreuznach.

In der **Kreuznacher** Eliſenquelle iſt der Analyſe von Bauer zufolge*) das Verhältniß von Chlormagnium zu Chlorcalcium = 1 : 6 (0,448 × 6 = **2,69** ſtatt 2,705). Dies Verhältniß bleibt ſich faſt gleich, wenn auch Brommagnium und kohlenſaurer Kalk mit in dieſe Rechnung gezogen werden (2,936 ſtatt 3,12). Sehr genau kehrt es aber wieder in der Miſchung der Mutterlauge, die von andern Kreuznacher Quellen gewonnen wird.

LIX. **Kreuznacher Mutterlauge** nach Mohr 1854:

		Aequ.-Quot.	
Bromnatrium	85,9	8,34	
Chlornatrium	159,2	27,23 } 58,42 × 8 = **467,36**	
„ kalium	170,2	22,85	
„ magnium	374,2	78,89 × 6 = **473,34**	
„ calcium	2622,6	**473.**	

Magneſium : Calcium = 1 : 6.

---

*) Noch andere einfache äquivalente Verhältniſſe in der **Eliſenquelle** ſind hier anzumerken:

Kochſalz	16,28
Chlorkalium	,1696
Chlorcalcium	**2,705** × 6 = **16,23**
Kohlenſ. Kalk	,4128 ⌉ ,4524 × 6 =
„ Baryt	,03956 ⌋ 2,7144 × 6 = **16,286**
Brommagn.	,3906
Kohlenſ. Magn.	,4484 × 6 = **2,6904**
„ Eiſen	,00448
„ Mangan	,00208 ꝛc.

Daß die Summe der drei erfigenannten Salze fast ¹⁄₆ des Calciums beträgt, ist zufällig. In der von Riecther veranstalteten Analyse ist die Summe von

$$\left.\begin{array}{lr}\text{Chlornatrium} & 72,57 \\ \text{Brom} \quad , & 10,7 \\ \text{Jod} \quad , & 1,8 \\ \text{Chlorkalium} & 19,2\end{array}\right\} 104,27$$

ebenso zufällig ¹⁄₄ des Calciums. Gleich zufällig mag in der Mohr'schen Analyse das Verhältniß von Bromnatrium + Chlorkalium zu Calcium wie 1 : 15 sein. Daß aber Magnesium ¹⁄₆ vom Calcium beträgt, muß in der Mischung des Wassers begründet sein, denn auch die Riecther'sche Analyse zeigt dasselbe Verhältniß.

$$\left.\begin{array}{lr}\text{Chlormagnium} & 67,89 \times 6 = \mathbf{407,34} \\ \text{, calcium} & 402,4 \\ \text{Schwefelf. Kalk} & ,45\end{array}\right\} \mathbf{402,85}$$

Auch das zerflossene Mutterlaugensalz, von Fehling analysirt, hat fast dieselbe Proportion von Magnesium : Calcium bewahrt.

$$\begin{array}{lr}\text{Chlormagnium} & 79,24 \times 6 = \mathbf{475,44} \\ \text{, calcium} & \mathbf{466},4.\end{array}$$

Am allerdeutlichsten ist dies Verhältniß von Magnium zu Calcium in der neuesten Analyse, die Weber vom trockenen Mutterlaugensalze jüngst gemacht hat:

Zu 10000 : Aequ.-Quot.

Bromnatrium	6,69	Eine Kleinigkeit Chloreisen kann
Chlornatrium	5,765	noch zum Kalk gezogen werden.
, kalium	31,96	
, magnium	77,38 × 6 = **464,28.**	
, calcium	**463,5**	

Ob Kalium auch nicht in einer bestimmten Proportion zu Calcium steht? 31,96 × 14,5 = **463,65**. In der Mohr'schen Analyse ist diese Proportion aber eine ganz andere.

LX. Aus der Analyse, welche Dumas und Favre von der Mutterlauge von Salins angestellt haben, ergaben sich

Aequ.-Quot.

Brommagnium	2,25 oder	Brom	2,25		381,1		516,3
Chlornatrium	360,6	Chlor	378,9				
, kalium	18,3	Schwefelf.	135,2				
Schwefelf. Kali	37,4	Kali	55,				416,3
, Magn.	97,8	Natron	360,6				
		Magnesia	100				100

LXI. In der **Staßfurther** Mutterlauge waren

Chlornatrium	**233** Aequ.-Quot.
Chlor	61 × 4 = **244**
Schwefels.	84,8
Kalium	59,42 × 4 = **237,7**
Magnesia	**286**
Kali + Natron	**292**

LXII. Die von Bunsen 1859 gelieferte Analyse der Mutterlauge der Saline **Soolborf-Rodenberg** bei Rennborf gibt das Verhältniß des Natrons zu Magnesia + Kalt 214 : 302. Die Zuziehung der übrigen nicht ins Gewicht fallenden Stoffe würde diese Proportion von 2 : 3 nicht wesentlich ändern.

LXIII. Die Mutterlauge von **Bex**, welche Morin 1840 untersuchte, bietet auch sehr merkwürdige Verhältnisse dar.

	In 10000	Aequ.-Quot.	Verhältnisse
Chlor	1696,1	477,7	
Brom	5,6	,7	} **478,5** (knapp 37½ +) 10 } 15
Job	,7	,07	
Schwefelsäure	199,4	49,85	5
Kali	244,4	**52**	5 } 15
Natron	336,3	108,5	10
Magnesia	594,9	**297**,4	knapp 30
Kalt	205,8	73,5	} 74,3×4 = **297**,2 knapp 7½) } knapp 37½
Thonerde	3,9	,8	
Kieselsäure	1,5	,3	

Verbindet man mit Magnesia, Kalk und Thonerde 371,7 Aequ.-Quotiente des Chlors, so bleiben 107,2, dem Natron entsprechend.

Auch Bischoff analysirte 1847 diese Mutterlauge und fand

		Aequ.-Quot.	
Chlorkalium	588,84	78,96	} **181**,6
„ natrium	599,89	102,6	
„ magnium	1389,23	186,3	} **186**,7
Brommagnium	3,44	,37	
Jobmagnium	,57	,05	
Schwefels. Natron	321,71	45,33 × 4 = **181**,3	
Kalium	79	} 227	
Natrium	148		
Magnium	187		
Kalk nur Spuren !?			

Schwefelsäure hier nur ⅛ des Chlors (oben ⅕), Kali schon ¾ des Natrons (oben ½). Jedenfalls hat die von Bischoff analysirte Mutterlauge einen andern Ursprung als die von Morin untersuchte.

LXIV. Wie sonderbar ist es, daß in der von Fehling 1847 gegebenen Analyse der Mutterlauge der Soole von **Wimpfen** Natrium zu Magnesium sich fast wie 3 : 2 verhält!

Aequ.:Quot.

Bromnatrium	23,18	2,25	} 276,4 × ⅓ = 165,8
Chlornatrium	1614,	276,2	
„ magnium	708,4	149,3	} 177,2 × 1,5 = 266,8
Schwefels. Magnes.	167,7	27,95	
Kalk	0		

LXV. Und ist es reiner Zufall, daß in der 1859 gefertigten Analyse der **Rappenauer** trockenen Mutterlauge das Verhältniß von Natrium + Kalium (880,3 + 20,6 = 900,9) zu Magnesium (463, wenn das Aequivalent zu 12 angenommen wird, sonst etwas weniger) wie 2 : 1 u. zum Kalk (Chlorcalcium 295 u. Gyps 14 = 309) wie 3 : 1 ist? Das angegebene Verhältniß von Magnesium : Calcium (3 : 2) ist um so auffallender, da die Bohrlochsoole, abgesehen vom schwefel= sauren und vom kohlensauren Kalk, fast gleiche Aequivalentquotiente (0,8214 Magnesium, 0,8446 Calcium) aufweist.

LXVI. Die **Elmer** Mutterlaugen, wovon Heine schon vor längerer Zeit 2 Arten untersucht hat, haben auch den Anschein proportionaler Verhältnisse.

Aequ.:Quot.

	I	II	Proportionen
Chlornatrium	318,2	557,7	
„ magnium	10,32	15,17	1
Schwefels. Magn.	40,	58,67	4
„ Kali	42,25	61,53	4

LXVII. Wöhler untersuchte vor nicht langer Zeit die **Mutter**= lauge von **Salzungen.** Er fand in 10000 :

Aequ.·Quot.

Schwefels. Kali	118,9	13,65	Kali
Chlorkalium	289,78	38,99	52,64 × 4 = 210,56
„ natrium	976,17	167	167
			210,64 Kali + Natron
„ magnium	1720,26	362,5	365,53 × 0,6 = 219,32 Magn.
Brommagnium	27,926	3,035	
Kalk	0		

Kali ist fast ¼ der Summe von Kali + Natron.

Kali + Natron verhält sich zu Magnium genau wie 3 : 5, oder wie 6 : 10, denn die Zahl des Magniums × ⁶⁄₁₀ ist ganz gleich der Summe von Kali + Natron. Dann ist noch sonderbar, daß Chlor-natrium + schwefel. Kali (180,65 × 2 = 361,3) grade die Hälfte von Chlormagnium ist.

Sind nicht manche Mineralwässer durch Meteorwasser verdünnte vorweltliche Mutterlaugen, die sich zu derselben Zeit gebildet haben mögen, als das Steinsalz sich in großen Lagern absetzte? Soll das Festland, gleichwie es oben noch Mutterlaugen in den Salzseen zeigt, nicht auch in seinem Innern solche concentrirte Mineralwässer bergen?

LXVIII. Was sind Sinkssoolen anders als Mutterlaugen? Sollen darum auch nicht in solchen Soolen einfache proportionale Verhältnisse vorkommen? Versuchen wir es mit der Soole von **Auffee**, die Ritter analysirt hat! Diese Analyse läßt sich so aufstellen:

Requ.-Quot.

Chlornatrium	2558,66	437,8	Chlor	**445**	Natrium + Kali **442**
„ magnium	39,906	7,145	Schwefels. 11,84	Magnesia	11,414
Schwefels. Kali	36,98	4,245		Kalt	3,29
„ Magn.	25,613	4,269		Eisen	,05
„ Kalt	21,24	3,127			14,754
Kohlens. „	,66	,17			× 30
„ Eisen	,3	,05			442,6

Die erdigen Theile sind also ¹⁄₃₀ der alkalischen.

Schwefels. mit Magnesia gleichwerthig, die übrigen Bestandtheile mit Chlor.

Ueberblicke ich nun diese lange Reihe von Analysen, so komme ich zu dem Resultate, daß in der Mischung der Mineralwässer sehr oft einfache proportionale Verhältnisse zwischen einigen Bestandtheilen der-selben oder zwischen den Gruppen der chemisch verwandten Stoffe, welche darin sind, herrschen.*)

---

*) Dies aus den neuesten Analysen gewonnene Ergebniß ist also ein ganz an-deres, als das, was (wie ich eben sehe) Kölreuter im Jahre 1822 als seine Meinung über den hier besprochenen Gegenstand ausgesprochen hat. Er sagte näm-lich: „Ich bin der Ansicht, wie auch die meisten Resultate meiner analysirten Arbeiten mir bestätigt haben, daß in den Mineralwässern weniger bestimmte stöchiometrische Verhältnisse herrschen, als in ihrer Mischung vielleicht mehr das Streben liegt, gegen solche anzukämpfen und sie aufzuheben."

Zuweilen, z. B. bei den künstlichen Mineralwässern (S. 6), beim todten Meere (11), bei Kissingen (15), Ronneby (16), Weilbach (19), Marienbad (38), Franzensbad (39), Karlsbad (40) u. a., selbst noch bei einzelnen aus Mineralwässern erzeugten Produkten, z. B. bei der Mutterlauge von Kreuznach (42) sind diese Verhältnisse so einfacher Art und doch zugleich so bestimmt und genau ausgesprochen, daß man nicht umhin kann, dem Zufalle das Recht abzusprechen, derartige Proportionen veranlaßt haben zu können.

Aber ist, wird man einwerfen, die Aufspürung proportionaler Verhältnisse in den Wässern nicht eine unnütze Spielerei?

Keine Erkenntniß der Natur ist unnütz, denn sie führt uns zu weiterer Kenntniß des Geschehenen und des zu Geschehenden. So wird uns auch wohl die Einsicht in die innere Organisation einiger Mineralwässer der Erklärung ihrer Entstehungsweise näher führen und eine sicherere Anleitung zur praktischen Eintheilung derselben geben, als die bisher nicht vom Standpunkte des Chemikers angesehenen Zahlen der Salze dies gethan haben.

Schließlich möchte ich mir erlauben, die Chemiker zu bitten, die Analysen der Mineralwässer auch auf Aequivalentquotiente zu berechnen und, was die Anschauung nach Aequivalenten sehr vereinfacht, die Zahlen der uncombinirten Analyse neben der gewöhnlichen Combination zu Salzen aufzustellen. Auch wird es aus dem oben angedeuteten Grunde erwünscht sein, zu erfahren, ob alle Stoffe in demselben Wasserquantum eines kurzen Zeitraumes (z. B. eines Tages, einer Woche) bestimmt wurden, oder ob während einer längeren Zeit Wasser zu quantitativen Bestimmungen der Quelle entnommen wurde.

Druck der Dr. Wild'schen Buchdruckerei (Parcus) in München.